Von ganzem Herzen, aus tiefster Seele

Daphne Rose Kingma

Von ganzem Herzen aus tiefster Seele

*Liebe und
Partnerschaft*

Deutsche Bearbeitung
von
Manfred Miethe

INTEGRAL
VOLKAR-MAGNUM

Die Deutsche Bibliothek – CIP-Einheitsaufnahme

Kingma, Daphne Rose:
Von ganzem Herzen, aus tiefster Seele : Liebe und Partnerschaft /
Daphne Rose Kingma. Dt. Bearb. von Manfred Miethe. – Dt. Erstausg.,
– Wessobrunn : Integral. Volkar-Magnum, 1996
(LebensReiseführer)
Einheitssacht.: Heart and Soul <dt.>
ISBN 3-89304-185-0
NE: Miethe, Manfred [Bearb.]

– 1. 2. 3. 4. 5. 6. Auflage 1999 1998 1997 1996 –
(Die äußeren Ziffern zeigen Auflage und Auslieferungsjahr an)

Deutsche Erstausgabe – veröffentlicht als *Lebens*Reiseführer
Copyright © 1996 by Integral. Volkar-Magnum. Verlagsgesellschaft mbH.,
Schloßbergstraße 15, D-82405 Wessobrunn
Das Werk einschließlich aller seiner Teile ist urheberrechtlich geschützt.
Alle Rechte, auch die der auszugsweisen Vervielfältigung,
gleich durch welche Medien, vorbehalten.

Published by arrangement with Conari Press, Berkeley, California
Titel der Originalausgabe: Heart and Soul.
Living the Joy, Truth and Beauty of Your Intimate Relationship
Copyright © 1995 by Daphne Rose Kingma

Deutsche Bearbeitung: Manfred Miethe, Freiburg
Übersetzung: Mushin Jürgen Schilling, Berlin
Korrekturen: Monika Kaminski, Berlin, und Antje Bommel, München
Umschlaggestaltung: Zembsch' Werkstatt, München
Satz: Vollnhals Fotosatz, Mühlhausen
Druck und Binden: Jos. C. Huber, Dießen
Herstellung: Rainer Höchst, Dießen
Printed in Germany
... auf chlorfrei gebleichtem Papier

ISBN 3-89304-**185**-0

Harold Yvan Le Brock,
dessen liebevolles Herz und wunderschöne Seele
Freude, Wahrheit und Schönheit verkörpern,
in großer Liebe gewidmet

Die Nahrung des Herzens ist Liebe,
das wahre Streben der Seele ist das
nach Vereinigung.

Dieses Buch ist mir auf den süßen Schwingen der Liebe zugeflogen. Danken möchte ich Sunta Oannes und Sunshine Espirit, die mir ein Nest boten, in dem viele dieser Worte geschrieben wurden; Tom und Eileen für ihre Mansarde in Nantucket; meiner gesegneten Schwester Chris, die diese Worte erstmals zu Papier brachte, und meinen lieben Freunden bei Conari Press: meiner Lektorin Mary Jane Ryan für ihre Geduld, ihren Humor und ihre beständige Liebe; Karen „Grace" Bouris für ihre ästhetische Weisheit und ihr subtiles Drängen; Emily Miles für ihre Sensibilität und Eleganz; Jennifer für ihr Lachen; Claudia für ihre Freundlichkeit; David für seine Verläßlichkeit und Will Glennon dafür, daß er mir wirklich zuhörte.

Inhalt

Die Wahrheiten der Liebe

Die Schönheit der Liebe

Von ganzem Herzen,
aus tiefster Seele

Wir erinnern uns an Liebe im Herzen
als das, was unser Herz im Leben erfreut hat;
wir sehnen uns nach Liebe in der Seele
als das, was uns nach Hause führen wird.

Dieses Buch ist die Ergänzung zu *Die kleinen Gesten der Liebe*[1], einem kleinen Buch, das ich in der Absicht schrieb, jene emotionalen Fähigkeiten zu schulen, durch die meine Leserinnen und Leser den Tanz ihrer intimen Beziehungen besser choreographieren können. Ich habe darin die psychologischen Dimensionen der Liebe angesprochen: Wie man sich selbst und sein geliebtes Gegenüber auf eine Weise behandelt, die uns den Segen und die Freuden einer wunderbaren Beziehung beschert. Eine ganze Reihe Menschen haben mir erzählt, daß das Büchlein stets auf ihrem Nachttisch liegt und daß sie es gemeinsam mit ihrem Partner lesen und die darin enthaltenen Übungen ausführen. Sie haben mir gesagt, daß ihre Beziehung dadurch gewachsen und tiefer geworden ist und sich gewandelt hat, so daß sie ihnen zu einer Quelle der Freude und zu einer wundervollen Herausforderung geworden ist. Sie haben mir auch erzählt, daß sie glücklicher geworden sind. Und das hat *mich* glücklich gemacht.

Das Buch ist schon vor einer ganzen Weile erschienen, und was wir inzwischen unserer Welt und unseren Geliebten – unseren intimen, liebevollen, hingebungsvollen und leidenschaftlichen emotionalen Verbündeten – geben wollen und uns von ihnen wünschen, ist umfassender geworden und hat sich vertieft. Wir wollen nicht nur wissen, wie wir uns in unseren Beziehungen verhalten sollen, damit wir uns wohl fühlen, sondern wollen ihren Sinn erkennen und ihre Rätsel lösen; wir wollen wissen, weshalb wir uns überhaupt auf Beziehungen einlassen und welche Rolle sie in der Gesamtheit unseres Lebens spielen. Und wir möchten verstehen, weshalb wir uns trotz all der Schmerzen, die sie uns so häufig bringen, so sehr zu ihnen hingezogen fühlen.

---

1 Daphne Rose Kingma: Die kleinen Gesten der Liebe. Glücklich sein und glücklich bleiben. Integral. Volkar-Magnum., Wessobrunn 1994

Wir fragen heute auf einer sehr viel tieferen Ebene nach dem Sinn von Partnerschaft und Beziehung. Früher haben wir diese Frage aufgrund unserer emotionalen Sehnsüchte gestellt, heute stellen wir sie aufgrund der Sehnsucht unserer Seele. Wir verstehen immer mehr, daß jede intime Beziehung auch ein spirituelles Unterfangen ist, das uns nicht nur schöne Gefühle vermitteln oder uns aus unserer Einsamkeit erlösen kann. Partnerschaft ist der Garten, in dem unsere Seele erblüht. Wir haben erkannt, daß jede Beziehung eine Reise ist, durch die sich unsere Seele entwickelt, und daß sie uns mit der Liebe – der Energie, die unsere Beziehungen in Bewegung setzt – verbinden soll. Liebe, das spürt unsere kostbare Seele, ist das einzig Wichtige im Leben.

Ich glaube, wir leben heute in einer Zeit, in der wir keine andere Wahl haben, als die Liebe bewußt reifen zu lassen. Ist die Liebe gereift, ist sie nicht länger eine Möglichkeit, sondern eine Notwendigkeit. Romantische Beziehungen sind dann nicht mehr ein leidenschaftlicher Zeitvertreib, sondern Pforten zu tiefer Freude und Mitgefühl – und die wahre Bestimmung jeder Seele. Wenn wir bewußt lieben, erkennen wir sowohl die Wünsche des Herzens als auch das transzendente Sehnen der Seele als Eigenschaften der Liebe. Denn wir lieben in beiden Dimensionen. Das Herz ist der Palast der Gefühle; die Seele ist eine Kathedrale, durch deren Fenster das strahlende Licht reiner Liebe strömt.

Die Liebe des Herzens ist die Liebe unseres emotionalen Körpers, ein anmutiger Tanz der Vereinigung, aufgeführt im Reich der Emotionen. Wenn wir uns verlieben, sind wir plötzlich eins mit der reinen Essenz unserer Gefühle. Wir strahlen, sind glücklich und ekstatisch; wir fühlen uns wunderschön, voller Hoffnung und gesegnet. Wir werden nicht nur durch die Möglichkeiten verwandelt, die uns die Liebe zu diesem Menschen bietet, sondern auch durch jene, die uns das Leben schenkt. Wir sind beglückt und voller Licht, und wenn wir in einer intimen Partnerschaft leben, setzen wir diese Reise des Herzens miteinander fort. Dabei verbinden uns die Gefühle, die wir miteinander teilen – Entzücken und Schmerz, Furcht und Wut, Verzweiflung und Freude – aufs innigste.

Die Liebe des Herzens ist wie ein erstklassiges, sich endlos wandelndes Bühnenstück, dessen Inhalt das Spiel zweier Menschen und ihrer Gefühle ist. Aber die Liebe der Seele ist die höchste Liebe. Es ist die Liebe unserer spirituellen Essenz, unseres ewigen Ursprungs. In dieser tiefen Liebe gelangen wir weit über unsere Gefühle hinaus in das Reich der mystischen, immateriellen Essenz, ins Reich der Ekstase.

Denn unsere Seele ist ein Faden in dem einen großen nahtlosen Gewebe, und in ihm ist all das verwoben, was wir waren und sein werden: unsere Siege, unsere Erhabenheit und Trauer, unsere Tragödien und großen heroischen Momente. In der seelischen Liebe spüren wir tief in uns, so als stünde es in verblassender Tinte im Tagebuch unserer Gene geschrieben, daß jeder von uns alles gewesen ist: Mann und Frau, Mutter und Vater und Kind, Täter und Opfer, Narr und König. Einander mit den Augen dieser umfassenden Liebe zu betrachten, mit unteilbarer, kompromißloser Liebe, brillanter, strahlender und unendlicher Liebe, heißt, eine Vision der gesamten Menschheitsgeschichte zu haben, das Antlitz Gottes in den Augen eines Menschen aus Fleisch und Blut wahrzunehmen.

Daher handelt dieses Buch von dem Zusammenspiel unserer Herzensbedürfnisse nach Leidenschaft und Romantik, nach Gemeinschaft und Spaß, und dem Bedürfnis unserer Seele, sich mit allem Seienden und Gewesenen in einer einzigartigen, grenzenlosen Einheit zu vereinigen.

Heute bemühen wir uns aktiv um diese Vereinigung. Denn alles, was wir in dieser Welt aus uns gemacht haben – unsere Erfolge, die fortgeschrittene Technologie, Nehmen und Geben –, berührt uns nicht wirklich. Wir „haben alles" und sind dennoch voller Sehnsucht. Intuitiv wissen wir, daß nur die Liebe und das Aufgehen in intimen, persönlichen Beziehungen jene tiefe Resonanz in uns erklingen lassen kann, die uns an die unzerstörbare Einheit erinnert, die nicht nur unser Geburtsrecht, sondern unsere spirituelle Bestimmung ist.

Dieses Buch handelt von der Reise des Herzens zur Liebe, die in den Gefilden der Freude erblüht, und von der sehnsüchtigen Pilgerfahrt der Seele, die uns zurück in unsere Heimat führt. Dies sind nicht zwei verschiedene Reisen, sondern ein einziges Abenteuer. Wir sind nicht nur Persönlichkeiten, nicht nur psychologische Wesen mit einer persönlichen Geschichte und Gefühlen, wir sind auch Seelen, deren letzte und größte Sehnsucht die Wiedervereinigung mit dem Göttlichen ist. Und diese Vereinigung wird in all unseren Beziehungen versinnbildlicht.

Nun, da wir uns dem Ende des Jahrtausends nähern, ist diese Sehnsucht nach Vereinigung jedoch nicht mehr nur eine Metapher. Sie drückt sich in unserem Leben dadurch aus, daß Grenzen und Beschränkungen manchmal auf schöne, manchmal aber auch auf furchtbare und beängstigende Art und Weise wegfallen. Die Botschaft in all diesen beunruhigenden, bisweilen wünschenswerten, dann wieder unerwünschten Wandlungen lautet: Grenzen müssen verschwinden; die Beschränkungen im Inneren (zwischen dem, was wir uns ansehen, und dem, was wir verdrängen möchten), die Mauern in intimen Beziehungen (zwischen uns selbst und unseren Geliebten, Liebhabern oder Ehepartnern) und die Trennung unserer Persönlichkeit von unserer spirituellen Essenz und unserer höchsten Bestimmung.

Liebe ist die Erfahrung, die uns auf eindrucksvolle, wundervolle und tiefe Weise erleben läßt, daß unser wahrer Zustand die Einheit und nicht die Trennung ist. In Anerkennung dieser großen Wahrheit widme ich Ihnen dieses Buch, um Sie auf Ihrer weiteren Reise zur Liebe, der Liebe Ihres Herzens und Ihrer Seele, zu begleiten.

Lob der Liebe

Seit ewigen Zeiten lieben Männer und Frauen einander verzweifelt, wahnsinnig, verzückt, mit ungezähmter und gefährlicher Leidenschaft, voller Mitgefühl und Zärtlichkeit, vom Grunde ihres Herzens und aus der Tiefe ihrer Seele. Liebe kennt keine Grenzen. Kein Land, keine Kultur und kein Volk haben sie jemals für belanglos erachtet, und wenn Sie sich verlieben, werden Sie zu einem Mitglied der Gemeinschaft der Liebenden aller Zeiten.

Was Sie spüren, wenn Sie sich verlieben, ist universell. Wie gewöhnlich oder einfach Ihnen Ihre eigene Liebe auch erscheinen mag, für Ihr Herz und Ihre Seele ist es immer die große Liebe. Wie die Liebe Davids und Bathsebas, Antonius und Kleopatras, Romeos und Julias, Abaelards und Heloises ist auch Ihre Liebe eine Erfahrung des Staunens und der ekstatischen Verbundenheit mit den tragischen und glanzvollen Momenten des Lebens. Durch Liebe werden Sie Teil der heiligen Tradition, jener großartigen Gemeinschaft derjenigen, die sich miteinander vermählten, die einander ihr Herz versprachen, die für die Liebe lebten und starben und die Liebe als das einzige erkannten, für das es sich zu leben lohnt.

Wir brauchen Liebe.

Wir sehnen uns nach Liebe, weil wir mit jeder Faser unseres Wesens wissen, daß wir ohne Liebe nicht leben können. Mit jedem Atemzug, mit jedem Herzschlag pocht diese Gewißheit in uns. Liebe ist – ganz gleichgültig, was wir uns vom Leben sonst erhoffen – immer unser leidenschaftlichstes Streben, unser höchstes Ziel und unsere endgültige Bestimmung.

In unserem Herzen wissen wir, daß wir uns in dieser Welt voller Leiden und Verrat nur an die Liebe halten können. Nur die Liebe bringt unsere Herzen auch in der tiefsten

Finsternis zum Jubilieren. Nur die Liebe gibt unserer Seele inmitten der fürchterlichsten Qual ihren Frieden. Und wenn wir dieses Leben hinter uns lassen, nehmen wir nur die Liebe mit.

Alles, was wir sind – Persönlichkeit, Körper, Gefühle, Erfolge, Ansehen, Bankkonto, Freundschaften, Trophäen, akademische Titel, Goldmedaillen, Häuser, Möbel, Eltern und Kinder, Erinnerungen und Hoffnungen –, wird vergehen. Nur die Liebe, das strahlende Licht, wird uns bleiben. Denn die Liebe ist das Licht, das uns ins Leben ruft und das uns erwartet, wenn wir unsere letzte Pirouette auf der Bühne des Lebens gedreht haben. Liebe ist das mystische, bedingungslos allumfassende „Ja". Liebe ist das Sein selbst; Liebe ist Bewußtsein; Liebe ist die Energie, die die Substanz und Essenz des Lebens ist.

Wir lieben inmitten der Liebe.

Die Liebe, die wir spüren; die Liebe, die wir brauchen; die Liebe, die wir geben, ist eingebettet in die große Liebe, dem Plan und der Wiege, dem Segen und der Essenz unseres Seins. Diese unendliche Liebe ist das Medium für alle Worte, Geschenke und Ereignisse, für all die wundervollen Momente und Berührungen, die wir liebevoll, liebend oder lieblich nennen. Sie ist der unendliche Ozean, in dem all unsere menschlichen Liebeserfahrungen treiben wie die vielen verschiedenen Fische im endlosen Meer: die Liebe der Geliebten und Liebhaber, der Gatten und Gattinnen, der Eltern für ihre Kinder, der Brüder und Schwestern füreinander, der lieben Freunde und der mitfühlenden Fremden.

Liebe, wie wir sie kennen und leben, ist auch die Liebe zur Pflicht, wie die eines Menschen zu seinem Land; die heitere Liebe, wie sie in der Freundschaft erblüht; die leidenschaftliche und ekstatische Liebe der romantischen Stunden; die engagierte Liebe, die durch die sich ändernden Umstände intimer Beziehungen gedeiht. Dies sind die

vielen Gesichter der Liebe, die kleinen und großen Verkör-
perungen der formlosen, gesegneten, unermeßlich zärtlichen Liebe, die das Medium ist, in dem wir alle atmen und
leben.

Aber die Liebe, die wir kennen, brauchen und suchen, ist
nur die Ecke eines Fotos von einer unendlich weiten, wunderschönen Landschaft. Wenn wir uns in einem besonderen Augenblick der Liebe plötzlich erhoben und erhaben
fühlen, entdecken wir unsere allgegenwärtige Verbindung
zur großen unendlichen Liebe. Und wenn wir bereit sind,
unser Herz weit zu öffnen, spüren wir, daß wir selbst jene
große Liebe ausstrahlen und an ihr teilhaben. Dann werden
unsere Beziehungen strahlend und erleuchtet und zu
einem heiligen Gral, aus dem wir die wahrhaft göttliche
Liebe trinken.

Die Freuden der Liebe

Glücklich sein erfreut das Herz;
Freude beglückt die Seele.

Seien Sie dankbar
für diesen Augenblick

Dieser Augenblick, der heutige Tag, Ihre jetzige Beziehung und dieses Leben sind kostbar, einzigartig und unwiederholbar. Niemals wieder wird es einen Augenblick geben, der dem gegenwärtigen genau gleicht: Gelbes Licht strömt durch die dünnen, weißen Lamellen vor dem Fenster, der Lärm arbeitender Männer dringt von der Straße herauf, und im Wohnzimmer raschelt eine Zeitung. Nie werden sich die süßen Augenblicke des heutigen Tages wiederholen: Der köstliche Schlummer; die wundervollen Träume kurz vor dem Erwachen; die besonderen, aber auch die alltäglichen Gespräche; die Kleidung, die Sie heute tragen; der Wind, der an den Fensterläden rüttelt und die Blätter vor sich her treibt; die 60 000 Gedanken, die Ihnen heute wie bunte Drachen durch den Kopf gesegelt sind.

Es wird nie mehr eine Liebe wie diese geben: Der Mann, der Ihren Namen so wundervoll ausspricht, dessen Stimme so faszinierend klingt, der Ihnen Blumen mitbringt, dessen Worte Ihr Herz so zart berühren, dessen Arme Sie so angenehm halten, umarmen, trösten, schützen; die Frau, deren Duft Sie verzaubert, deren Haupt auf Ihrer Brust den Schlaf versüßt, deren Küsse Sie selig machen, deren Lachen wie Sonnenlicht von ihren Lippen perlt, deren Lächeln die personifizierte Anmut ist.

Nie wieder wird es ein Leben wie dieses geben, kein zweites Mal diese Geburt, nie mehr diese Vergangenheit, diese Mutter und diesen Vater, diese Häuser und Mauern, diese Fremden und diese Freunde (*... und wie wir alles durchlebten,*

mit solcher Schönheit, einander berührend, Tanzschritte, Pirou-
etten drehend, Verneigungen jeglicher Couleur, die Räume unse-
res Lebens mit Freude, mit dieser süßen Liebe erfüllend ...)

Nie wird es eine andere Art geben, dieses Leben so zu
leben, wie Sie es leben wollten; nie wieder werden Sie
Augenblick um Augenblick seine Häuser, Wiegen und Kör-
be, seine Schränke und Schubladen mit erlesenen Dingen
und Schnipseln und Schätzen füllen; nie wieder werden Sie
Ihr Herz mit Gefühlen und wunderbaren Emotionen füllen
(... und die Erinnerung, wie sie dort am Fenster im Licht stand,
ihr blondes Haar golden im Sonnenlicht ... und wie er dort stand
und die Worte erklangen: „Auf immer, auf ewig, bis daß der Tod
uns scheidet"). Nie wieder werden Sie diesen Verstand haben
und die Worte, die ihn erfüllten, und die endlosen Sorgen,
schwierigen Rätsel und brillanten Lösungen. Nie wieder ...
welche Leere ... wartend auf Gott.

Dieser Moment, dieser Tag, diese Beziehung, dieses
Leben sind kostbar, einzigartig und unwiederholbar. Leben
Sie jeden Moment, als wären Sie sich dessen immer bewußt.

Bemühen Sie sich um eine spirituelle Beziehung

 Eine spirituelle Lebenseinstellung erkennt bewußt an, daß wir mehr als alles andere spirituelle Wesen sind und das innere Wachstum in diesem Leben unsere einzig wahre Aufgabe ist. Befinden Sie sich in einer spirituellen Partnerschaft, so haben Sie sich dafür entschieden, diese Wahrheit zu verkörpern, und ändern damit den Fokus Ihrer Beziehungen. Während in einer emotionalen Beziehung der Fokus auf dem Inhalt der Partnerschaft selbst liegt, sind in einer spirituellen Beziehung das Wohlbefinden des Geistes und die Reise der Seele die wichtigsten Aufgaben. Während sich die romantische Liebesbeziehung in einem bestimmten Zeitrahmen abspielt, bildet die Unendlichkeit den Kontext für die spirituelle Vereinigung. Statt sich den Anforderungen des irdischen Lebens anzupassen, erkennt sie an, daß wir alle weit mehr sind als das, was wir zu sein scheinen. Das Reich der spirituellen Partnerschaft ist der ganze Kosmos, die Einheit, die strahlt und glänzt, in der eine Unzahl von Engeln schweben. In ihm erleben wir all jene erstaunlichen, „zufälligen" Ereignisse, die Gottes mysteriöse Werkzeuge sind.

Wenn Sie einander nicht nur körperlich lieben, sich nach dem anderen verzehren, ihn bewundern, sich um ihn sorgen, sondern aus tiefster Seele lieben, so werden Sie auch Ihr geistiges Wohlbefinden sicherstellen und dafür sorgen, daß all Ihre Entscheidungen der Weiterentwicklung der Seele dienen. Dann können Sie sich eine friedvolle Umgebung kreieren, in der Ihre Seele erblühen kann, und meditieren, beten, den Fernseher wegwerfen oder andere Dinge tun, die die Vereinigung Ihrer Seelen unterstützen.

Es paßt nicht in unsere üblichen Schemata, eine intime Beziehung zu pflegen, die auch spirituell ist, denn in einer spirituellen Beziehung streben wir nicht nach der üblichen Befriedigung des Egos. Statt dessen werden wir gewahr, daß wir Seelen sind und uns auf einer Seelenreise befinden.

Die spirituelle Beziehung ist zart, leicht, einfühlsam und gütig. Weil sie aus dem Karussell egoistischer Denkweisen ausgestiegen ist, kann sie großzügig und geduldig sein, kann den Geliebten nicht nur als Menschen sehen, der dieses oder jenes tut, sondern als Seele auf einer Pilgerfahrt. Denn spirituelle Geliebte nehmen sich immer auf diese erweiterte Art und Weise wahr. Daher unterliegt jede Handlung und Erfahrung anderen Gesetzen als den üblichen. Die kleinen Enttäuschungen und die großen Tragödien des Lebens werden nicht mehr als Absolutes betrachtet, sondern im Kontext eines größeren Lebens als kleine, kurzfristig irritierende Staubkörnchen.

Eine große spirituelle Liebe schließt das Geistige und Körperliche nicht aus; in einer spirituellen Beziehung werden die Partner sich immer auch in diesen Bereichen aufmerksam unterstützen und gegenseitig heilen. Wenn Sie einander aus tiefster Seele lieben, wird Sie diese Liebe an die Unendlichkeit erinnern, an Ihre wahre Bestimmung. Dieses Erinnern wird Ihrer Liebe eine erhebende, kristallklare und wahrhaft leuchtende Qualität geben. Denn wenn Ihre emotionale Beziehung ein Diamant ist, dann ist Ihre spirituelle Beziehung das Licht, das durch ihn strahlt.

Freuen Sie sich miteinander

 Wenn Sie an ein emotionales Zusammensein denken, fällt Ihnen zunächst wahrscheinlich ein, wie sie einander in schweren Zeiten trösten. Obwohl es wichtig und richtig ist, sich trösten zu lassen, wenn man leidet, so brauchen wir doch auch die positive Zuwendung, das wunderbare Mitfreuen, das Teilhaben an unserer Freude.

Sich miteinander über etwas zu freuen, ist zauberhaft; das Gefühl der Begeisterung und des Glücks erfüllt unser Wesen, und wir genießen eine zarte, ekstatische Empfindung. Wir alle brauchen Freude, ja Freudenstürme, denn das Leben kann hart sein und unser Weg bisweilen ziemlich steinig. Wir brauchen Freude, denn in ihr äußert sich unser wahrer Zustand; durch sie kehren wir für einen Moment zu unserer Essenz zurück. Wir brauchen die Freude, denn es gibt nicht genug von ihr auf dieser Welt. Und wir müssen uns gemeinsam freuen, denn in dieser ichbezogenen Welt endlosen Wettbewerbs ist es häufig schwer, eine gleichgesinnte Seele zu finden, mit der man sich gemeinsam freuen kann.

Freude ist ermutigende Zuwendung, und obwohl Sie auf den ersten Blick sicher meinen, es sei leichter, sich gemeinsam zu freuen, als sich gegenseitig zu bemitleiden, so ist es doch häufig schwierig, Freude gemeinsam zu zelebrieren. In Wirklichkeit haben sehr viele Menschen das Gefühl, versagt zu haben, und statt sich mit anderen zu freuen, sind sie eifersüchtig auf sie oder bemitleiden sich selbst. Bis Sie sich nicht wirklich auf Ihre eigene Freude eingelassen haben, ist es ziemlich schwierig, sich gemeinsam mit jemand anderem zu freuen, selbst wenn dieser Jemand Ihr Liebling ist.

Damit Sie also gemeinsam mit anderen Freude empfinden können – und so Ihre Freude verdoppeln, Ihr Vergnügen mit dem geliebten Menschen teilen und sie wahrhaft feiern –, gestatten Sie sich zunächst, sich über all das zu freuen, was Sie entzückt, was Ihren Tag verschönert und was Ihr Herz mit Freude erfüllt. Feiern Sie Ihre Siege, bejubeln Sie Ihre Erfolge. Dann sind Sie gut darauf vorbereitet, sich auch gemeinsam mit Ihrer Herzallerliebsten zu freuen.

Gemeinsame Freude atmet Glück: zusammen zu sein in Momenten der Schönheit (wenn Tränen die Seele reinigen, wenn Anerkennung das Leben verwandelt), gemeinsam die Stunden unbändigen Entzückens oder süßer Erfolge zu feiern; liebevoll bei der Offenbarung eines Talentes zugegen zu sein (sein Buch, ihre Fotoausstellung, sein Oberligaspiel, ihr Tennismatch) und die Freudenfeste, Geburtstage, Jubiläen, Preisverleihungen gemeinsam zu feiern. Teilen Sie auch die Freude an den Zyklen Ihres Liebeslebens und den Jahren, die Sie gemeinsam mit Ihrem Partner verbracht haben; an all den Krisen, die Sie durchlebt, und den Begegnungen, die Ihre Liebe aufs neue erweckt haben; teilen Sie sogar die Freude an all den nützlichen Auseinandersetzungen und ihren heilenden Lösungen.

Wir müssen uns gemeinsam freuen, denn Freude weckt Freude. Freude bringt uns mehr Freude und ein Gespür für das strahlende, prachtvolle, vergnügliche und wunderbare Leben. Freuen Sie sich, jeder für sich und ganz besonders miteinander.

Geben Sie sich der Ekstase hin

 Leben ist Atem und Bewegung. Solange Sie sich bewegen können, stehen Sie im Leben und sind von Lebensenergie erfüllt. Jeder Schritt, den Sie tun, jedes Wort, das Sie sprechen, jeder Gedanke, der durch die elektro-magischen Schaltkreise Ihres Gehirns fließt und jede einzelne Geste, die Sie ausführen, ist Ausdruck Ihrer Lebendigkeit; ein Zeichen, daß Sie ein zwar sterblicher, aber jetzt lebender Mensch sind.

In unseren Beziehungen bündeln wir diese Energien durch Leidenschaft und Zuneigung. Sexualität und Sinnlichkeit sind das Medium unserer leidenschaftlichen Vereinigung; die Arena, in der sich Körper und Geist begegnen. Zuneigung ist das Medium, durch das wir unsere zärtliche, fürsorgliche Liebe ausdrücken.

Manchmal vergessen wir aufgrund der Überbetonung der verbalen Kommunikation, daß wir auch körperliche Wesen sind und unsere Körper eine einzigartige und machtvolle Sprache sprechen. Oftmals spüren und wissen wir Dinge mit dem Körper, ehe wir auch nur eine einzige Silbe artikulieren können. Durch unsere Körper teilen wir unsere Liebe unmittelbar und instinktiv mit und übertragen so Gefühle auf eine tiefgehende Weise, die jenseits aller Worte liegt.

Die Sprache des Körpers ist Energie, der unsichtbare, ekstatische Pulsschlag der Essenz des Lebens. Wir denken meist, unsere Lebendigkeit äußere sich lediglich in der Form – in dem Körper, den wir bewohnen –, und vergessen dabei die Lebenskraft oder Energie, die durch ihn hindurch

Daphne Rose Kingma

strömt. Dadurch verpassen wir eine Gelegenheit, unsere Lebendigkeit zu spüren und uns in unserer Beziehung von jener geheimnisvollen, spirituellen Kraft – der „Energie" des anderen – zu nähren. Und dennoch ist es gerade jene „Energie" – einer Stadt, eines Menschen, einer besonderen Musik oder eines Gefühlsaustausches –, die uns auf der tiefsten Ebene bewegt. Nichts offenbart dies eindeutiger als ein Körper, der durch Krankheit an energetischer Essenz verliert, und nirgends zeigt sich das Vorhandensein dieser Energie schöner als bei Kindern.

Wenn wir unsere Aufmerksamkeit in unseren intimen Beziehungen von der materiellen Form – wie wir aussehen, was wir anhaben, wie fit wir sind – auf die Energie lenken, betreten wir jene großartige, mystische Arena, in der wir Liebe als Ausdruck dieser Energie erfahren. Anstatt sie lediglich als Gefühl zu empfinden, spüren wir sie als mystischen, unsichtbaren Pulsschlag, dessen leuchtende Schauer unserem Körper sagen, daß wir wahrhaft Liebe „gefühlt" haben.

Den Fokus des Bewußtseins von der Substanz auf die Wahrnehmung der Energie zu richten und mit Menschen zusammen zu sein, deren Energie Sie in Ekstase versetzt, erweitert Ihr Liebesrepertoire unmittelbar. Dann werden Sie nicht nur über die Liebe, die Sie verspüren, reden können, Sie werden sie tatsächlich als perlende, brillante, ekstatische Lebensessenz im Körper wahrnehmen. Öffnen Sie Ihr Herz und jede Zelle Ihres Wesens der leuchtenden Weisheit Ihrer ekstatischen Seelenenergie.

Strengen Sie sich nicht so an

Die meisten Menschen führen ihr Leben hauptsächlich durch eine Kombination anstrengender Bemühungen, die sie eifrig und ambitioniert verfolgen: Wenn ich hart genug dafür arbeite, dann … Wenn es schwierig wird, dann … Wenn ich durchhalte, dann … Wenn ich es besser mache, nicht nachlasse oder mehr leiste als alle anderen, dann … werde ich ganz sicher Erfolg haben und all meine Ziele erreichen.

Diese Neigung, überall Schwierigkeiten, Herausforderungen und ständigen Wettbewerb zu sehen, ist inzwischen so sehr zum Kennzeichen unserer Kultur geworden, daß sie auch im privaten Bereich zur automatischen Reaktion geworden ist, mit der sich der Verstand endlos beschäftigt. Sie ist aber das Gegenteil von Anmut und Leichtigkeit.

Leider nähern wir uns auch der Liebe mit derselben leistungsorientierten Haltung. Wir verwenden den schrecklichen Begriff „Beziehungsarbeit", als handele es sich um ein Auto, das wir reparieren wollen, oder um eine Mine, aus der wir durch Schwerstarbeit das heilige Gold einer wundervollen Beziehung ausgraben müßten.

Wenn wir die Liebe so betrachten, würdigen wir sie herab. Sie wird zu einem Projekt, statt einfach ein Wunder zu sein, und auf diese Weise kommen wir nie in den Genuß ihrer seltenen süßen Früchte. Wir sind so sehr damit beschäftigt, an ihr „zu arbeiten" und unsere Gefühle „zu äußern", „versuchen" so sehr, besser zu kommunizieren oder „zu lernen", wie wir am besten miteinander „verhandeln", daß die Liebe – jene geheimnisvolle Kraft, die uns zusammengebracht hat – dabei erlischt.

Das soll nicht heißen, daß eine gute Beziehung nicht durch eine angemessene Achtsamkeit gedeihen kann, aber wenn Sie derart auf Erfolg fixiert sind und auch noch den letzten Tropfen aus ihr herauspressen wollen, dann wird nichts als eine leere Schale übrigbleiben.

Die Wahrheit ist, daß die meisten Dinge, die wir im Leben versuchen, nichts als Versuche und Versuchungen bleiben. Wenn wir aber – quasi aus Versehen – in den Bereich der Leichtigkeit geraten, blicken wir dem Wunder und der in ihm enthaltenen Lektion ins Gesicht: Jene Dinge, die uns am tiefsten bewegen, sind fast immer ein Geschenk.

Wahre Liebe ist eine Gnade und nicht durch Bemühen zu erreichen. Sie ist ein Geschenk und nicht die Folge von Anstrengungen. Sie ist kein Resultat, das man anstreben kann, sondern ein Schatz, den man annehmen muß. Wenn also Liebe, wie von magischen Kräften beseelt, spontan in Ihrem Leben auftaucht, bemühen Sie sich nicht weiter, lassen Sie sie einfach herein. Und wenn Ihnen Ihre Beziehung unerwartet schöne Augenblicke beschert, versuchen Sie nicht, sie zu analysieren oder erneut herbeizuzwingen, sondern öffnen Sie einfach Ihr Herz und erlauben Sie ihnen, zu erblühen.

Legen Sie Ihren Stolz ab

 Stolz ist ein gefährliches Gefühl, das der tiefen Liebe im Wege stehen kann. Dieses Gefühl herrscht häufig dann, wenn Sie Ihre wirklichen Gefühle nicht spüren können – den Schmerz darüber, daß Sie verlassen wurden; Ihre Angst, daß Sie nicht gut genug sind; daß Ihr Aussehen, Ihr Erfolg, Ihr Besitz, Ihr sozialer Status, Ihre Kleidung, Ihre Kinder, Ihr Job, Ihr Haus und Ihr Beruf nichts wert sind.

Wenn wir solche Gefühle haben, verdecken wir sie bisweilen mit Stolz. Stolz hilft uns zwar, schwierige Zeiten zu überstehen, und ermöglicht uns, unter unangenehmen Umständen trotz unserer vermeintlichen Unzulänglichkeiten weiterzumachen. Aber ausgeprägter Stolz, der zu einem Charakterzug geworden ist, birgt viele Gefahren. Er steht zwischen Ihnen und dem, was ist oder sein könnte: Liebe; eine neue Freundschaft; die Heilung einer alten Wunde; ein besserer Job; ein Kuß oder ein Wunder.

Wenn Sie stolz sind, weil Sie meinen, etwas ganz Besonderes und sehr, sehr wichtig zu sein; wenn Sie beleidigt sind, weil „die anderen" Sie übersehen haben, dann sehen Sie nicht, was direkt vor Ihrer Nase liegt: diesen wunderschönen, unwiederbringlichen Augenblick. Davon abgesehen kommen Sie natürlich als das, was Sie wirklich sind, keinen Schritt weiter.

Stolz schafft Abstand in Beziehungen. Wenn Sie wie ein stolzer, majestätischer Löwe behandelt werden wollen, so ist das durchaus legitim, nur werden Sie mit dieser Einstellung bald ganz allein dastehen. Statt sich Ihrer Geliebten ganz offen und verletzlich zu nähern und sich zu zeigen, wie Sie sind; statt Ihre Wünsche zu äußern und sich ihrer Liebe zu öffnen, so daß diese Sie überfluten kann, stolzieren Sie wie ein Pfau vor ihr auf und ab und verlangen auch noch von ihr, daß sie Ihnen dabei hilft, Ihre Illusionen zu verstärken.

Bisweilen sprechen wir davon, wie stolz wir auf jemanden oder auf etwas sind und welche Freude uns das bereitet. Ein solcher Stolz ist eine herzerfüllende Freude. Aber Stolz als selbstbezogene Geisteshaltung ist das Gegenteil von Freude. Dieser Stolz bringt keine Freude, sondern steht ihr im Weg. Freude fließt, sie nährt sich von Freiheit. Wenn der Platz in Ihrem Herzen, der sich nach Freude sehnt, bis zum Bersten mit Stolz gefüllt ist, geht die Freude an Ihrer Tür vorbei wie ein ungebetener Besucher.

Legen Sie Ihren Stolz ab. Er mag Ihnen zwar Ansehen verschaffen und Sie vor der von Ihnen gefürchteten Beurteilung durch andere schützen, aber letztendlich werden Sie ganz allein dastehen – mit Ihrem Stolz.

Entdecken Sie Sex als heilige Vereinigung

Die Sexualität ist eine der angenehmsten, viel-schichtigsten und befriedigendsten Aspekte der intimen Beziehung. In der Vereinigung des Flei-sches verbinden wir uns und binden uns aneinander. Sex kann Freude bereiten oder zutiefst enttäuschen. Er kann eine Quelle schmerzhaften Verrats oder höchster Ausdruck ekstatischer Liebe sein.

So wie uns die Vereinigung unserer Körper in der sexuel-len Begegnung daran erinnert, daß wir vor allem körper-liche Wesen sind, verbindet uns der Orgasmus, dieser Augenblick erblühender Ekstase, mit unserer spirituellen Essenz. In der sexuellen Begegnung fließt jene mystische elektrische Strömung, die bezeugt, daß wir nicht nur kör-perliche Wesen sind, sondern Tempel, in denen die Seele wohnt.

Wer Sex so betrachtet, nähert sich dem Heiligen in der Beziehung. Auf diese Weise fordert man mehr von seiner Sexualität, gibt mehr, empfängt jedoch auch mehr; weit mehr, als die Ratschläge der populären „Wie-verbessere-ich-mein-Sexualleben"-Ratgeber halten können. Auch wenn die diversen Kolumnen und erotischen Handbücher durch-aus das eine oder andere technisch bedingte sexuelle Pro-blem lösen können, setzen sie uns doch lediglich an der Eingangstür einer Sexturnhalle ab, schlagen höchstens die erste Seite eines Liebesromans auf oder schicken uns auf einen Egotrip, der zu nichts anderem als oberflächlicher Befriedigung verhilft. So bleibt Ihnen die herrliche Mög-lichkeit verschlossen, die sexuelle Begegnung als höchste Form spirtueller Vereinigung zu erfahren.

Denn in ihr sind nicht nur unsere Körper aufs Wunderbarste beteiligt; dank des unwiderstehlichen Magnetismus der sexuellen Macht erkennen wir mit allen Sinnen, daß der höchste Geist in uns lebt und sich durch uns bewegt.

Durch unsere Sexualität sind wir ganz im zeit- und grenzenlosen Augenblick. Wir haben Anteil an einer einzigartigen Erfahrung im Leben, die es uns erlaubt, die Glückseligkeit wahrer Vereinigung zu erleben. Hier sind das Ego und seine ewigen Sorgen entschwunden, und das Selbst löst sich in völliger Hingabe auf. Dies im Angesicht eines anderen Menschen wissen, spüren und entdecken zu können – und dazu lädt uns die körperliche Liebe ein – bedeutet, sich einem der größten Geheimnisse der menschlichen Existenz zu stellen: daß wir verkörperter Geist sind und als Menschen an diesem Wunder teilhaben.

Wenn Sie die sexuelle Beziehung so erfahren, würdigen Sie sie als heilige Begegnung. Sie werden Ihren Körper als Gefäß des Göttlichen erleben, den Orgasmus als Geschenk des großen Geistes und Ihren geliebten Partner als Menschen, mit dem Sie gemeinsam von der ewigen Glückseligkeit kosten dürfen.

Loben Sie über den grünen Klee

Jeder Mensch verfügt über eine Unmenge lobenswerter Eigenschaften – selbst ein Ihnen völlig Fremder. Wenn Sie nur einen Moment lang innehalten würden, um den Menschen, der neben Ihnen im Bus sitzt, vor Ihnen am Eingang zum Supermarkt oder hinter Ihnen an der Kasse steht, richtig anzusehen, fiele Ihnen sicherlich auch an ihm etwas sehr Feines, Schönes oder Wahres auf, worüber Sie etwas Gutes sagen könnten. Und würden Sie dieses Lob aussprechen, diese Besonderheit ein ganz klein wenig würdigen, so sähen Sie diesen fremden Menschen wahrscheinlich aufblühen.

Wieviel mehr wird dann Ihr Liebling – dieses ganz besondere Wesen, für das Sie sich entschieden haben und das Sie verehren, an dem Sie sich erfreuen und für das Sie sorgen möchten – solche Worte des Lobes, der Bewunderung und der Anerkennung genießen. Nur allzu oft führt körperliche Nähe zu Blindheit und Vergeßlichkeit, wenn nicht gar zu Nichtbeachtung. Wir vergessen, jene brillanten Eigenschaften, liebenswerten Verrücktheiten und tiefen Leidenschaften zu ehren, die uns so wichtig waren, als wir uns verliebten. Nachdem wir unseren Partner „gefangen" haben (und zwar wegen der Eigenschaften, die wir so schätzen und bewundern: ihre wundervollen Augen, seinen Witz, ihre wundervoll weiche Haut, den flauschigen Teppich auf seiner Brust), werden wir oft faul, ja knauserig mit dem warmen Bad des Lobes, das Schmerzen auslöschen und die Bande unserer Beziehung vertiefen kann.

Es ist, als sei unser Lob ein Köder, mit dem wir die Liebe eines Menschen einfangen. Sobald uns das gelungen ist, vergessen wir anscheinend, daß die laute und deutliche Begeisterung für all die guten, großartigen, besonderen und einzigartigen Eigenschaften des anderen in Wirklichkeit der Lebensatem der Liebe ist.

Lob öffnet das Herz und erfrischt die Seele. Es formt und stärkt das gepriesene Verhalten und ermutigt dessen Erweiterung in jeder Hinsicht. Lob fördert Veränderung. Es verwandelt die Seele. Indem es die bereits vorhandene Größe betont, inspiriert es die stetige Weiterentwicklung zum immer schöneren Menschen.

Wollen Sie die Freude in Ihrer Beziehung mehren und das Gespür für das Besondere, das Gefühl, von einem ganz außergewöhnlichen Wesen geliebt zu werden (und es zu lieben), dann seien Sie genau, konsequent, großzügig und extravagant mit Ihrem Lob für Ihren Liebling.

Akzeptieren Sie die wunderbaren Kompromisse der Liebe

Jede intime Beziehung verlangt ein gewisses Maß an Opferbereitschaft, ganz gleich, wie glücklich oder harmonisch sie ansonsten auch sein mag. Wenn Sie sich dafür entscheiden, einen Menschen auf ganz besondere, engagierte Art zu lieben, entscheiden Sie sich dagegen, andere auf dieselbe Art und Weise zu lieben – zumindest eine Zeitlang.

In der Liebe und – noch mehr – in der umwerfenden Erfahrung der „Verliebtheit" sind wir nicht nur willens, wir sehnen uns sogar geradezu danach, dieses Opfer zu bringen. Es ist uns eine Freude, einen Menschen allen anderen vorzuziehen; ein Genuß, mit der einzigartig kostbaren, herzwärmenden Gegenwart des geliebten Menschen gesegnet zu sein.

Aber diese Entscheidung, so großartig sie auch sein mag und wie willig wir sie auch treffen mögen, ist nur die erste von vielen Entscheidungen auf dem Pfad der Partnerschaft, die von uns verlangt, aus Liebe Unmengen kleiner Opfer zu bringen und unsere eigenen Prioritäten immer wieder zu überprüfen.

Es gibt vieles, was wir tun (oder nicht mehr tun), nur weil wir lieben. Anja schob ihr Studium auf, um Pauls beiden Kindern die Mutter zu ersetzen, die an Krebs gestorben war. Markus zog aus dem Haus, das er sich selbst gebaut hatte, in die Stadt zu Irene, seiner Geliebten, die dort eine Professur innehatte.

Solche Veränderungen sind nur die Spitze des Eisbergs. Jeden Tag wird uns die Liebe mit Entscheidungen und Möglichkeiten konfrontieren; immer wieder werden wir Kompromisse eingehen müssen, die unsere Bereitschaft zum Ausdruck bringen, dem geliebten Menschen auf dem Spielfeld der Liebe auf halbem Wege entgegenzukommen. So passen Sie sich wahrscheinlich ungewohnten Tagesabläufen an oder einer ordentlichen (oder schlampigen) Haushaltsführung; machen Ferien an Orten, zu denen es Sie nie hingezogen hätte (die Sie dann aber trotzdem schön fanden); bereiten Mahlzeiten zu, die Sie nicht einmal mögen, oder gehen finanzielle Verpflichtungen ein, die Ihr inneres Gleichgewicht aufs äußerste gefährden.

Ein Kompromiß, den Sie aus Liebe eingehen, sollte eine bewußte Überprüfung Ihrer Prioritäten sein. So wird daraus ein kreativer, phantasievoller Akt; eine Möglichkeit, Ihren Horizont zu erweitern, Ihr Leben auf neue Art und in einem überraschend schönen Rahmen zu erleben. Doch mehr als alles andere zeigen Kompromisse die Tiefe Ihrer Liebe. Denn wenn wir die Ecken und Kanten unserer eigenen dogmatischen Prinzipien schleifen, kommen wir einander näher und erkennen, daß Liebe, das tiefe Anerkennen der Seele des geliebten Menschen, und nicht die endlosen Details unseres Alltags in Wahrheit das Wichtigste im Leben ist.

Kümmern Sie sich um die Entfaltung
Ihrer Beziehung

 Ihre Beziehung entwickelt sich ständig. Sie ist wie ein stetig dahinströmender Fluß, in den Sie nicht zweimal steigen können, da er immer wieder anders und damit neu ist. Wenn Sie sich „verlieben", fühlen Sie sich von bestimmten Eigenschaften eines Menschen angezogen, die Sie an ihn binden. Aber dann, im Laufe der Zeit, ändern sich die Dinge. Sie ändern sich; er ändert sich; die Art Ihres Zusammenseins ändert sich, weil Sie älter oder krank werden, weil Sie durch äußere Ereignisse (Erdbeben, das Auf und Ab der Börse) und durch innere Veränderungen (emotionale und spirituelle Durchbrüche) beeinflußt werden oder durch die Richtung, die Ihr gemeinsames Leben aufgrund wirtschaftlicher oder gesundheitlicher Notwendigkeiten nimmt. (Er hatte Asthma, also zogen wir in die Berge. Sie verlor ihren Job, deshalb wurden wir Entwicklungshelfer.)

Sie haben vermutlich eine Vorstellung, wie Ihre Beziehung aussehen und in welche Richtung sie sich entwickeln soll, aber das Leben und seine überraschenden kleinen Wendungen werden Sie wahrscheinlich vom beabsichtigten Weg abbringen. Und so werden die faktischen Ereignisse und äußeren Umstände auch zu einer Landkarte all dessen, was Ihnen und Ihrer Geliebten innerhalb der Beziehung geschieht.

Darum ist es außerordentlich wichtig, zu beachten, was passiert, und miteinander darüber zu reden. Das verankert uns in der Wirklichkeit. Es erhält auch den bewußten Kontakt zueinander aufrecht und läßt uns an all den Verände-

Daphne Rose Kingma

rungen teilhaben, die der Partner durchlebt, während sich sein Leben (und das gemeinsame) entfalten. Derart mit dem geliebten Menschen in Berührung zu bleiben (und mit den gegenseitigen Gefühlen), das ist der Stoff, aus dem Intimität gemacht ist. Wenn Sie das nicht wissen (oder nicht darüber reden), verlieren Sie wahrscheinlich das Gefühl der Verbundenheit, das das Herz der Liebe ist.

Aber Achtsamkeit hat auch einen umfassenderen Sinn. Das Leben formt uns fortwährend und eröffnet uns mit allen Erfahrungen, die es uns schenkt, einen Zugang zu immer tieferen Schichten unseres Selbst. Und so bittet die sich entfaltende Beziehung uns darum, größer und offener zu werden. Vielleicht werden Sie gebeten, sich noch öfter zu äußern (zu weinen, wütend zu werden oder Dinge zu sagen, die auszusprechen Sie sich immer gefürchtet haben) oder Wege zu finden, gemeinsam tiefer zu gehen (an einer Gesprächsrunde teilzunehmen, zu meditieren oder zu beten).

Aber ganz gleich, was Sie tun, das Leben und die Partnerschaft sind immer auch eine Einladung, sich zu verändern. Wenn Sie nicht achtsam sind, verpassen Sie vielleicht wunderbare Chancen: mehr Geld zu verdienen, eine neue Karriere zu beginnen, Ihr Herz zu öffnen, eine tiefere sexuelle Beziehung zu kreieren, die Intensität Ihrer Liebe zu vergrößern.

Achten Sie also immer darauf, was geschieht – Ihnen selbst, Ihrem Herzen, Ihrem gemeinsamen Leben und, mehr als alles andere, dem geliebten Menschen –, damit Sie keine einzige Gelegenheit verpassen, Ihre wundervolle Partnerschaft zu würzen, zu stützen, zu vertiefen, zu erweitern und zu erneuern.

Betten Sie sich auf Rosenblüten

Wäre es nicht wunderbar, einfach zu sagen: „Komm, bette dich mit mir auf Rosenblüten." Wäre es nicht wundervoll, wenn Sie genügend Zeit hätten, sich genüßlich in diesen Worten zu räkeln; wenn Sie überhaupt phantasievoll genug wären, solche Worte zu sagen?

Könnten Sie dies tun, hätten Sie wahrscheinlich schon etwas Wunderbares erlebt; Ihr Geist wäre bereits frei, Ihr Herz offen und klar. Sie wären schon einmal so tief und zärtlich berührt worden, daß Sie sich mit ihrem geliebten Partner auf Rosenblüten betten wollten (die seidigen Blätter spüren, den Duft atmen, die mystische Stimmung auskosten); daß Sie Ihr Leben, diesen Tag, Ihr ganzes Sein so gestaltet haben, daß Sie Ihrer eigenen weisen, verrückten Einladung folgen könnten.

„Komm, bette dich mit mir auf Rosenblüten" zu sagen, hieße, Sie hätten den Mut, um etwas zu bitten, verrückt zu sein, zu hoffen und zu erwarten, zu wollen, wild zu phantasieren und magische Träume zu träumen.

Komm, bette dich mit mir auf Rosenblüten. Wir wollen uns verneigen vor ihrem Duft, der unser Leiden lindert; wir wollen ihren Wohlgeruch atmen, der alle Tragik davonträgt; wir wollen uns vor ihrem Hauch verneigen, der uns des Alltäglichen entbindet, der uns entläßt ins Freie, ins strahlend Glänzende. Wir wollen, einen Moment nur, in die süße Seligkeit der Rosen entrinnen, in den atemberaubenden Kelch zärtlicher Küsse, in die Magie, ins Ewige …

Wie lange ist es her, daß Sie solche edlen, majestätischen und phantasievollen Worte gesprochen haben?

Es gibt keinen anderen Moment als diesen. Es gibt keine besseren Worte als die, die Sie äußern; kein würdigeres Risiko als das, das Sie eingehen wollen und das Sie weiter und tiefer trägt, hinein in die süße Seligkeit der Liebe.

Fassen Sie sich ein Herz, seien Sie ein Narr und ein Held und sagen Sie Ihrer Geliebten, Ihrem Herzallerliebsten (während die Sonne zusieht oder der Mond am Himmel glänzt; während die Vögel singen): „Komm, bette dich mit mir auf Rosenblüten und laß uns die Liebe feiern."

Üben Sie sich im Glücklichsein

 Wohlsein und Entzücken, Seligkeit, Wonne und Behaglichkeit gehören zum Glücklichsein. Glücklich sein, leichten Herzens. Wir sind glücklich, wenn wir spielen. Glück ist das Gegenteil von Sorge und die richtige Medizin bei Verzweiflung. In glücklichen Augenblicken läuft uns ein angenehmer Schauer über den Rücken, nach dem wir uns wie nach einer Heimat sehnen. Wir sind glücklich, wenn wir uns verlieben; wir wollen glücklich sein, wenn wir heiraten oder mit dem geliebten Menschen zusammenziehen; wir wollen lange und glücklich leben. Wie glücklich wir sind, zeigt uns, an welchem Punkt im Leben wir stehen.

Glück ist ein Herzenswunsch, die Sehnsucht des vergänglichen, persönlichen Selbst. Es stärkt unser Lebensgefühl. Wir fühlen uns entspannter, wenn wir glücklich sind, großherzig und freundlich. Glück zieht Glück an. Wenn wir glücklich sind, möchten wir dieses zauberhafte Gefühl mit anderen teilen.

Weil Glück aber ein emotionaler Zustand ist, hängt es von Verhalten und Erfahrung ab. *Sie hat mich glücklich gemacht; er konnte mich nicht glücklich machen. Damals war ich glücklich, heute bin ich es nicht mehr.* Glück ist zwar auf der Wippe der Gefühle ganz oben, beschränkt uns aber auf den Bereich der Emotionen.

Freude hingegen ist ein spiritueller Seinszustand und Voraussetzung für die große Leichtigkeit und Gnade, dem Baden im süßen, ewig richtigen Ozean der Dinge. Wir befinden uns in diesem Zustand, wenn die Dinge des Lebens,

Daphne Rose Kingma

die uns glücklich oder unglücklich machen, ihre Attraktivität für uns verloren haben. Freude ist ein spiritueller Zustand der Vollkommenheit, dessen Gegenstück auf der Gefühlsebene das Glücksempfinden ist.

Es ist nicht immer möglich, reine Freude zu empfinden; wir haben unser Leben meist nicht so arrangiert, daß wir nur herumsitzen und aus dieser Quelle trinken können. Wir können uns jedoch im Laufe unseres Lebens auf diese Freude vorbereiten, indem wir uns darin üben, glücklich zu sein. Denn im Gegensatz zur Freude sind wir unseres Glückes Schmied. Wir können es kreieren.

Glück wird durch Güte geschaffen, durch die Erfahrung von Schönheit, durch großzügige Taten und Überraschungen, durch Spaß und sorgfältiger und verantwortungsvoller Nutzung all unserer persönlichen Hilfsquellen. Glück nimmt zu, indem wir es mit anderen teilen – wenn man ein Kompliment weitergibt, mit einem Freund dessen Erfolg feiert, wenn man sein Kind lobt, den neuen Haarschnitt seiner Frau bewundert oder gemeinsam mit dem Gatten einen großartigen Film genießt.

Seien Sie also glücklich. Denn mit dem Glück, diesem entzückenden Gefühl, mit dem Sie die uneingeschränkte Stimmigkeit der Dinge wahrhaft genießen, fängt die Freude an. Üben Sie sich im Glücklichsein, denn dann folgt jene Freude, die absolute Glückseligkeit ist.

Spielen Sie

Es ist kein großes Geheimnis, daß wir alle Freizeit, Entspannung, Ablenkung und Ferien von der tödlichen Alltäglichkeit des Lebens brauchen. Die Sonntagszeitung widmet einen wichtigen Teil ihrer Ausgabe eben diesem Bedürfnis und will uns zu Reisen und Vergnügungen verführen, zu einem kategorischen Abgesang auf den Alltag. Das zeigt, wie sehr wir Ablenkung brauchen.

Aber wahres Spielen ist mehr als nur mit den Dingen aufzuhören, die man leider allzu oft tun muß. Spielen ist absurd, phantasievoll, kreativ; eine andere Art, das Leben zu betrachten und auf magische Weise an ihm teilzuhaben: Alles wird auf den Kopf gestellt, quer gelegt, ins Gegenteil verkehrt – das Kaninchen im Hut des gewöhnlichen Nullachtfünfzehnzauberers.

Als wir Kinder waren, wußten wir, wie man spielt. Wir spielten wie von selbst, ohne groß darüber nachzudenken. Es war eine Gabe, eine Art spirituelles Erbe. Damals verstanden wir noch, daß Nichtstun oder Phantasieren unseren Geist nährt. So wurde aus Sand ein Geburtstagskuchen, aus einem Stecken ein Schwert und aus grünem Kreppapier ein feuerspeiender Drache.

Aber heute wissen wir nicht mehr, wie man spielt. Zumindest nicht mehr so wie einst. Deshalb sind unsere Erwachsenenspiele so leidenschaftslos. Wir wollen gefüttert und unterhalten werden. Das mag daran liegen, daß wir Tag für Tag Energie in Dinge stecken, an die wir nicht glauben; daß wir auf eine Belohnung hoffen, damit wir uns nicht länger abmühen müssen. Wir trauern und sind insgeheim wütend, daß wir unsere Vorstellungskraft, unsere Kreativität und vor allem unsere Zeit nicht Dingen widmen, die uns Freude machen.

Wahres Spielen, das Spiel unserer Seele, soll nicht irgendeine Leere füllen, sondern in sie eintauchen. Es entspringt dem Herzen und wird Sie in der Tiefe Ihres Wesens stärken. Das Spiel der Seele ist ein erhabenes Spiel. Es verlangt, daß Sie über die Unterhaltung hinaus in die Tiefe gehen und jene Erholung finden, die den Grundbedürfnissen Ihrer Seele entspricht: Freude, Freiheit, Heiterkeit, Schönheit.

Dieses Spielen ist aktiv, nicht passiv. Statt Sie still und heimlich zu unterhalten, verlangt es von Ihnen, daß Sie aufstehen und Ihre Lebensgewohnheiten ändern: daß Sie sich täglich eine Stunde der Kontemplation hingeben, daß Sie Ihr Auto verkaufen und statt dessen einen Heißluftballon anschaffen, daß Sie in Frührente gehen und zum Kolumbus Ihres eigenen Lebens werden. Es bedeutet, an die eigenen Grenzen zu gehen, jenseits des Bekannten, jenseits aller Sicherheit, jenseits dessen, was die Welt Ihnen zu bieten hat und hinein ins Niemandsland der eigenen Vorstellungskraft.

In diesem erhabenen Spiel werden wir wieder zum Kind. Denn das wahre Spiel unserer Seele heißt Entdecken und Vertrauen und beruht auf der Überzeugung, daß wir mit Hilfe unserer Vorstellungen zu jenem vollkommenen Spiel geführt werden, das uns zutiefst Freude bereitet.

Ehren Sie den Zorn in sich

 Ob Sie es glauben oder nicht, Zorn gehört zu den wichtigsten Aspekten des Gefühlslebens. Mit diesem Gefühl drücken Sie – mehr als mit allen anderen – Ihre Ansprüche an die Welt aus. Wenn Sie ihn angemessen zum Ausdruck bringen, warnen Sie damit gewissermaßen die Menschen, deren Verhalten Sie stört. Sie sagen faktisch: „Ich nehme es nicht hin, schlecht behandelt zu werden; dein Verhalten wird Konsequenzen haben – meinen Zorn."

Der Zorn entspringt Ihrer Selbstachtung. Es ist eine Art, Ihren Selbstwert als Mensch zu verkünden und zu äußern, daß Sie es Ihrer Meinung nach wert sind, gut behandelt zu werden, und daß Sie (im übertragenen Sinne natürlich) knurren, kratzen und beißen werden, wenn der andere Sie nicht so behandelt, wie es Ihnen gebührt.

Es gibt zwei Arten von Zorn: existentiellen und emotionalen. Existentieller Zorn – über „den Lauf der Dinge" (Ihr zu kurz geratenes Bein, den unerträglichen Verlust Ihrer Frau bei einem Flugzeugabsturz) – entspringt einer seelischen Enttäuschung über das Menschsein. Wir können diesen Zorn lediglich spüren und hinnehmen. Wenn es aber um emotionalen Zorn geht (die dumme Bemerkung Ihres Freundes, als Sie ihn zum Flughafen brachten), können Sie damit umgehen, als sei es ein Tanz, mit dem Sie Ihr Selbstwertgefühl ausdrücken und Ihre Kraft zurückerlangen können. Für den Umgang mit dieser Art von Zorn folgen nun ein paar wichtige Tips:
– Es ist besser, Ihren Zorn zu zeigen, als ihn zurückzuhalten.

- Zorn kann wie ein tollwütiger Hund sein; legen Sie ihm lieber einen Maulkorb an.
- Seien Sie genau: Wodurch wurde Ihr Zorn ausgelöst? Nicht „weil alles so schrecklich ist", sondern „weil du auf dem Weg zum Flughafen eine dumme Bemerkung gemacht hast".
- Denken Sie daran, es geht um Ihre eigene Heilung (indem Sie Ihren Zorn freisetzen, statt ihn an sich nagen zu lassen), die Heilung des von Ihnen geliebten Menschen (indem Sie ihm die Gelegenheit zu einer Änderung seines Verhaltens oder Entschuldigung geben) und um die Heilung Ihrer Beziehung (indem Sie gewissermaßen die Tafel wischen, damit Sie etwas Neues darauf schreiben können).

Wenn Sie Ihren Zorn ausgedrückt haben, geht es Ihnen meist deshalb gut, weil er Ihnen nun nicht mehr auf den Schultern lastet. Und wie wirkt sich das auf Ihre Seele aus? Nun wird der Weg für die eigentliche Arbeit der Seele frei.

Teilen Sie Ihre transzendenten Augenblicke

Die meisten Menschen machen irgendwann einmal eine „spirituelle Erfahrung". Eines Tages fallen wir völlig unbeabsichtigt durch das Sieb des gewöhnlichen Lebens in ein mysteriöses Erleben hinein. Es kann sein, daß wir ein wunderschönes Licht wahrnehmen, unendliche Glückseligkeit empfinden, einen so unwahrscheinlichen „Zufall" erleben, daß wir – und sei es auch nur für einen Moment – absolut davon überzeugt sind, Teil einer völlig unglaublichen Welt und eines so gewaltigen und anmutigen Seins zu sein, daß wir uns nur noch ehrfürchtig staunend davor verneigen können und für immer verwandelt sind.

Früher meinten wir, solche Dinge könnten nur Mystikern und Heiligen geschehen, Menschen, die ihr ganzes Leben dem spirituellen Pfad geweiht haben. Es entspricht jedoch vielmehr der Wahrheit, daß unser ganzes Leben aus der Sicht der „spirituellen Erfahrung" – einer direkten Begegnung mit dem Mysterium, in dem wir leben und dem wir vollkommen angehören – zu solchen Erlebnissen hinführt.

So wie Gefühle der natürliche Ausdruck der Persönlichkeit sind, sind Erfahrungen des Numinosen – des Heiligen und Erhabenen in unserer Mitte – die organischen Erfahrungen der Seele. Wenn Sie Ihre Bekannten liebevoll danach fragen, werden Sie staunen, wie viele Menschen das Heilige bereits auf die eine oder andere Weise erfahren haben.

Wenn Ihnen eine solche Erfahrung, ein Augenblick, in dem Sie das Transzendente berühren durften, zuteil wurde, und wenn Sie das mit dem geliebten Menschen teilen, so kommt dies einer Einladung gleich, die Geheimnisse Ihrer Seele mitzuempfinden. „Als ich auf meinem Bett lag, spürte ich einen Segen herabströmen, und eine wunderbare Gegenwart erfüllte das Zimmer. Erst dachte ich, es sei der Tod, aber es war sanft, leuchtend und freundlich. Mir war, als stünde es eine Weile neben mir, und es schenkte mir einen Augenblick unaussprechlicher Glückseligkeit. Dann verschwand es wieder."

„Ich lag im Gras und starrte auf die Wolken, als sie plötzlich auseinanderflogen und ich eine Vision eines unsagbaren, endlos strahlenden Lichtes hatte. Ich wurde in Licht gebadet. Es umfing mich ganz und trug mich empor, und ich war nicht einmal mehr ich, sondern eins mit ihm, eins mit dem Licht."

Solche atemberaubenden Erfahrungen sind Segnungen des Göttlichen. Aber obwohl sie oft isoliert als außergewöhnlich oder gar „paranormal" betrachtet werden, können sie jedem Menschen widerfahren. Diese Erfahrungen sind das wahre Erbe unserer Seele, und je mehr wir uns ihnen sanft öffnen, desto öfter werden sie sich ereignen.

Teilen Sie deshalb Ihre Erfahrung des Heiligen mit dem Herzallerliebsten. Indem Sie das tun, erinnern Sie sich und ihn daran, daß das Göttliche immer bei uns ist. Wir leben in seiner Mitte, und es ist mitten unter uns.

Ruhen Sie im Glanz der Vergebung

 Liebe und Verletzlichkeit liegen so nah beieinander, daß wir dem geliebten Menschen immer wieder Schmerzen zufügen und auch selbst Wunden davontragen. Es ist ein Gesetz, daß jede Münze zwei Seiten hat. Daher ist die andere Seite der Freuden der Liebe der Schmerz der Liebe.

Liebe verwundet uns also zwangsläufig, und das Heilmittel für die Wunden der Liebe – der Schmerz, den wir anderen zufügen, und die schmerzvollen Tiefschläge, die wir einstecken müssen – ist eigentlich ganz einfach zu verabreichen, auch wenn es manchmal völlig unmöglich scheint. Es heißt Vergebung. Hieße es „Auge um Auge", so müßten wir alle Rache fürchten, denn dann gäbe es keinen guten Grund, irgend jemandem irgend etwas zu vergeben. Aber Vergebung ist mehr als ein psychologischer Trick, sie entspringt dem Wunsch der Seele, dem offenen, verwundeten Herzen zu helfen.

Wir alle haben unverzeihliche, grauenhafte Dinge erlitten, die wir vergeben müssen. Wären sie nicht unverzeihlich – einer blinden Rache würdig –, so bräuchten wir das Vergeben nicht zu lernen. Aber wir müssen es lernen. Und wir können es lernen. Und wir werden es lernen.

Vergeben heißt nicht vergessen (verdrängen), darüber hinwegsehen (so tun als ob) oder so tun, als habe das Furchtbare nie stattgefunden (indem wir es rationalisieren). Ganz im Gegenteil: Wir lassen es auf uns einwirken, spüren die wahre Tiefe der Wunde und bitten darum, daß sie dank der alchimistischen Fähigkeiten der Seele wieder heil werde.

50

Wie vergibt man? Zunächst versetzt man sich in die Lage des Täters: Wären Sie an seiner Stelle gewesen, hätten Sie dann nicht das Gleiche getan? Nehmen Sie die Person dann aus dem Kontext, in dem sie Sie verwundet hat, und versetzen Sie sie einen Augenblick lang in einen anderen Kontext, in dem sie noch ein Kind war oder in dem sie sich vor einer Stunde, einem Tag oder einer Woche befand, bevor sie Ihnen diesen Schmerz zugefügt hat. Dann öffnen Sie die Augen und Ihr Herz und lassen Ihr Mitgefühl in die Situation fließen.

Vergebung ist doppelt gesegnet. Sie befreit den, dem vergeben wurde, von der Schuld, und den Vergebenden von der Bitterkeit. Vergebung holt das Thema ans Licht und bestrahlt es mit dem Glanz der Liebe, anstatt es dem grellen Scheinwerferlicht des Urteilens auszusetzen. Urteile fesseln die Seele; Vergebung läßt sie erblühen.

Öffnen Sie sich dem Mysterium

 Die Liebe des Herzens und der Seele ist mysteriös. Sie geht Risiken ein; sie glaubt an Wunder. Sie ist Atem, Bewegung, Magie, Musik, der unfaßbare Moment, die unerwartete Überraschung. Sich dem Mysterium zu stellen bedeutet, offen zu sein und gespannt auf das Erstaunliche zu warten; bereit zu sein, erleuchtet zu werden; nicht an den eigenen Erwartungen zu kleben, an dem, was Ihrer Meinung nach geschehen sollte.

Im Leben und in der Liebe heißt das, frei zu leben, die Fesseln des Verstandes abzuwerfen, nicht immer wieder zu sagen: „Aber das sollte doch so und so laufen", oder „Ich dachte, es würde ganz anders sein". Unsere eigenen Ideen, diese pedantischen Konstrukte des Intellektes und der Psyche, dienen lediglich dazu, unsere Wirklichkeit einzuschränken, Möglichkeiten auszuschließen und uns ein Universum zurechtzuzimmern, das genau so komplex oder dürftig ist wie der vielbeschäftigte Verstand, der sich diese Realität erfindet. Wenn wir zuviel in die Vorstellungen unseres Verstandes investieren, werden wir nur solche Dinge erkennen und in unserem Leben eine Rolle spielen lassen, die das dort bereits Vorhandene bestätigen.

Wollen wir lediglich unsere Vorurteile beweisen, so verschenken wir die Gelegenheit, einem Wunder zu begegnen. Denn sich dem Mysterium zu öffnen, bedeutet, zu glauben, daß etwas größeres oder anderes wartet – etwas, das Sie sich nicht einmal vorstellen können. Es ist durchaus möglich, daß Sie sich durch Ihre Hingabe einer Erfahrung öffnen, die so umfassend und hinreißend und großartig ist, daß Sie wahrhaft das Gefühl haben, in einer anderen Welt zu sein.

Wunder warten an jeder Ecke und in jedem Bereich des Lebens auf uns. Wir verlieben uns; unsere Kinder werden geboren; wir stehen irgendwo in einer fremden Stadt und treffen einen Freund fürs Leben; wir schlafen, und in unseren Träumen kommen uns Lösungen für die kniffligsten Probleme. Ob es sich nun um den unerwartet schönen, erhabenen Moment inmitten des Alltags handelt oder um die schicksalhaft magische Einführung in das tiefere Leben der Seele, wir alle sind eingeladen in eine größere Welt, in das hellere Licht, in unsere wahre Heimat.

Auf unserer Lebensreise geschehen uns ständig Dinge, durch die wir behutsam ermutigt werden, uns zu verändern, weil sie über all unsere Vorstellungen hinausgehen. Das Maß, in dem sie uns verändern können, hängt davon ab, ob wir sie als unvernünftig ablehnen oder uns ihnen staunend öffnen.

Sich dem Mysterium zu öffnen, heißt also, bereit zu sein, sich überraschen zu lassen, so wie ein Kind sein Gesicht zum ersten Mal im Spiegel entdeckt oder ein Liebhaber seine Geliebte entkleidet und zum ersten Mal ihr Geheimnis bewundert. Sich dem Wunder zu öffnen, bedeutet auch, über alle Maßen gesegnet zu sein, voller Anmut durchs Leben zu gleiten und es von den Gipfeln des Verstandes bis hin zu den Fluten des Herzens in Schönheit zu leben.

Lernen Sie einander wahrhaft kennen

 Die Pilgerfahrt der Liebe ist eine Reise voller süßer Geheimnisse. In der Seligkeit der jungen Liebe möchten wir all die kleinen Geheimnisse des geliebten Menschen erkunden: ihre Lieblingsblumen und -düfte; die Farben, die ihre Augen so wundervoll erstrahlen lassen; sein weiches Flanellhemd; die Art, wie er seine Schuhe schnürt; seinen Rasierpinsel und seine wilden Augenbrauen; den Duft ihrer Haut; ihr seidiges Haar; die Schublade, in der sie ihre feinste Wäsche aufbewahrt.

Später im Alltag der Liebe sind es dann die vertrauten, kleinen Dinge, die uns verbinden: der Klang seines Schlüssels im Schloß; der herabströmende, warme Regen der morgendlichen Dusche, in dem sie singend ihr Haar wäscht. Und wie sie sich nachts an ihn schmiegt; wie er schläft – wie ein Heiliger, die Hände auf der Brust gefaltet. Was er alles reparieren kann; was sie alles flickt!

Immer wieder prägen Änderungen unsere Beziehungen. Es gibt Streit, böse Worte, Wut. Und mittendrin wieder Liebe, ekstatische Versöhnung, Händchenhalten. Mal möchten wir Kinder und dann doch wieder nicht. Mal überfällt uns Angst und dann wieder überströmende Freude, wenn wir die Kinder schlafen sehen und sie in den Armen halten. Wie zärtlich er zu ihnen ist; wie leicht sie mit ihnen umgeht, wie sanft sie zu ihnen ist und wie stark.

Die Jahre verstreichen. Sie kommen und gehen; kommen und kommen; gehen und gehen. Herbst, Frühling, Winter und Sommer. Und die Dinge vergehen. Wir erinnern uns daran, was wir in jedem Jahr taten, und denken daran, wie wenige uns noch bleiben. Wir erinnern uns an jeden Tag, an Mahlzeiten, Arbeit und Gespräche. Jeder Tag war wie eine kleine Stadt, in der wir spazierengingen. Wir erschauern beim Gedanken an Spaziergänge, das Licht und die Dämmerung, in der wir gemeinsam unterwegs waren. Uns fallen die Geschenke ein, die wir zu Weihnachten und an Geburtstagen verschenkten. Wir denken an all die Worte, die wir sprachen, und die Karten, die wir schrieben. Es überläuft uns wohlig, wenn wir an die Dinge denken, die wir einander zuflüsterten: „Ich liebe dich. Gute Nacht." „Ich achte dich. Du bist mein ein und alles."

Und wie die Zeit verging. Er ist alt geworden. Die weißen Haare und die feinen, dünnen Linien seines Lebens und der Sonne umranken seine Augen. Und ihre Augen sind nun sanfter geworden, aber immer noch blau. Und nach so vielen Jahren sind ihre Lieblingsblumen und -farben und ihr Parfüm immer noch dieselben. Er schläft noch immer mit gefalteten Händen wie ein Heiliger. Erinnern und Vergessen sind jetzt zu einem langen Lied verschmolzen, so wie auch wir miteinander verschmolzen sind, miteinander verwoben, in der Seele vereint. Und jetzt am Ende kennen wir einander so gut wie Vögel die Luft und Schneeflocken den Schnee. Vor langer, langer Zeit sagte er einmal: „Bis wir einander kennen wie die Jahreszeiten", und jetzt ist es Frühling und Sommer und jetzt Herbst und Winter – und wir wissen, daß wir einander wahrhaft kennen.

Die Wahrheiten der Liebe

Liebe ist Wahrheit; Wahrheit ist Liebe.

Leben Sie die Wahrheit

Nichts ist reiner als die Wahrheit. Sie ist unverletz-lich, durchschaut jede Falschheit und Mehrdeutig-keit und strahlt wie ein Leuchtfeuer, um das sich unser ganzes Leben dreht. Die Wahrheit ist unteilbar, un-faßbar, ewig, das Alpha und Omega des menschlichen Daseins. Nichts kommt der Wahrheit gleich, sie kann mit nichts anderem verwechselt werden.

Es ist die Berufung der Seele, auf allen Ebenen des Seins die Wahrheit zu verkörpern. Seine eigene Wahrheit zu leben ist eine Reise, die lebenslange Betrachtung und Selbsterforschung erfordert. Die Wahrheit mit einem ande-ren Menschen zu leben, ist eine Reise voller Gefahren und Mitgefühl, auf der achtsames Zuhören und Offenheit erfor-derlich sind. Manchmal müssen wir dabei unser Bedürfnis, die eigene Wahrheit zu sprechen, der Entfaltung der Wahrheit unseres Partners unterordnen. Mit vielen ande-ren Menschen, mit der Gemeinschaft aller Fremden und Freunde und mit der ganzen Weltgemeinschaft der Wahr-heit gemäß zu leben, ist eine Übung des Geistes. Dazu müssen wir wachsen und uns entwickeln. Das kann auch bedeuten, daß wir das, was wir einst von unserer kleinen, individuellen Warte aus betrachtet für die Wahrheit hiel-ten, nun beiseite lassen oder es gar als unrichtig oder falsch erkennen.

Wahrheit ist eine Reise zu sich selbst. Der Wahrheit gemäß zu leben bedeutet, den sich ständig wandelnden Fluß des Lebens und die sich damit verändernde Sicht auf die Wahrheit bewußt wahrzunehmen. Es heißt auch, die

Wahrheit in Ihr Herz und Ihre Seele einströmen zu lassen. Ihre heutige Wahrheit mag eine andere sein als ihre vergangene und wird sich wahrscheinlich von der zukünftigen unterscheiden. Heute aber müssen Sie der Wahrheit dieses Augenblicks gemäß leben, sie aussprechen und bereit sein, sie zu ändern, wenn Ihnen eine größere Wahrheit offenbart wird.

In der Partnerschaft beginnen wir mit den kleinen Wahrheiten, die im Augenblick für uns stimmen, und sprechen sie liebevoll aus. Wir beginnen mit unserer eigenen Geschichte, unseren Bedürfnissen, Hoffnungen und Träumen, und fahren fort mit den vielen Wechselfällen unserer sich ewig entfaltenden Persönlichkeit, hin zu einer Wahrheit, die alles umschließt. Denn die letzte Wahrheit ist gigantisch; sie nimmt alle anderen Wahrheiten in sich auf, alle unsere kleinen, individuellen Wahrheiten, die Widersprüche unseres Lebens und sogar die großen Wahrheiten des Paradoxes und des Dogmas, der Prinzipien und Gesetze.

Beginnen Sie Ihre Reise zur Wahrheit. Suchen Sie nach der Wahrheit in sich, die sich danach sehnt, ausgedrückt zu werden, und finden Sie die richtigen Worte. Erkennen Sie die Wahrheit, die allem zugrundeliegt und von Fremden und Freunden weitergegeben, verkörpert und ausgesprochen wird. Leben Sie nach der höchsten Wahrheit, so wie Sie sie verstehen, wie sie sich Ihnen durch Kunst, Musik, Literatur, Natur und Träume offenbart. Empfangen Sie die Wahrheit, denn die Wahrheit ist überall. Geben Sie sich der Wahrheit hin, denn die Wahrheit ist die Quelle allen Lichtes. Verbünden Sie sich mit der Wahrheit, denn ein Leben in Wahrheit ist ein Leben in vollkommener Freiheit.

Erkennen Sie den geliebten Menschen als spirituelles Wesen

 Jeder weiß, daß ein Mensch mehr als das ist, was er auf den ersten Blick zu sein scheint; wir alle wissen, daß wir uns in das Wesen eines Menschen verlieben und nicht nur in seine Erscheinung und daß uns im Inneren eines Menschen etwas unwiderstehlich und still ruft: die Seele – das Flüstern des Göttlichen, das uns allen innewohnt.

Wenn wir lieben, suchen wir die Verbindung mit dieser Essenz, und wenn wir uns verlieben, erkennen wir dieses göttliche Flüstern und die Seele des geliebten Menschen ganz deutlich. In diesem wunderbaren Augenblick sehen wir auf eine zugleich magische und doch ganz gewöhnliche Weise, die über alles hinausgeht, was wir über ihn sagen könnten, daß dieser Mensch auf seine Art einzigartig, wunderschön und fein ist. In diesem Augenblick haben wir unsere gewohnte Sichtweise fahren lassen und mit den Augen der Liebe gesehen.

Der Ausdruck „Augen der Liebe" beschreibt ein Wahrnehmen mit dem Herzen, durch das wir nicht nur die Persönlichkeit, sondern auch den Glanz der Seele sehen. Mit dieser Sicht sehen wir nicht nur das Oberflächliche – welche Kleidung sie trägt, wieviel Geld er hat –, sondern die Göttlichkeit des geliebten Menschen, und sei es auch nur für einen kurzen Moment.

Wenn Sie, lange nachdem der erste Rausch und das feurige Glühen der ersten Begeisterung vergangen sind und von den Pflichten und Aufgaben des gemeinsamen Lebens überlagert wurden, den geliebten Menschen immer noch als göttliches Wesen erkennen können, bedeutet das, daß Sie mit den Augen der Seele noch immer die tiefere Wahrheit seines Wesens wahrnehmen. Sie erkennen den geliebten Menschen in seinem Glanz, als ewige und wunderschöne Seele. Sie erkennen ihn als verkörperte Liebe, als unendliche Freude, die in ihm eine Heimat gefunden hat.

Leider vergessen wir im Laufe der Zeit, diese Sichtweise aufrechtzuerhalten. Das normale Leben übernimmt wieder die Regie, und wir spielen die Rollen, die es uns vorgibt. Die Logik der Notwendigkeiten ersetzt die göttliche Wahrnehmung durch unsere kleinen menschlichen Gefühle und die Anforderungen des Alltags.

Aber Sie können üben, sich daran zu erinnern. Wenn Sie Ihr Herz nur ein klein wenig mehr öffnen, werden Sie wieder mit den Augen der Liebe sehen können. Ihre vielen Probleme werden schmelzen wie Schnee in der Sonne, und die lästigen Schwierigkeiten des Alltags werden sich plötzlich auflösen. Wenn Sie Ihre Sichtweise ändern, können Sie wieder direkt und reinen Herzens in die Augen der Seele dieses göttlichen Menschen schauen.

Dann wird es zwischen Ihnen und dem von Ihnen geliebten Menschen keine Unterschiede mehr geben, weil diese in der strahlenden Gleichartigkeit Ihres Wesens verschmolzen sind. Und im Licht Ihrer Seele wird lediglich der Spiegel des Göttlichen übrigbleiben.

Bringen Sie den Mut auf, „nein"
zu sagen

 Im Leben und in der Liebe werden wir nicht nur durch das bestimmt, was wir zu tun wagen, sondern auch durch das, was wir nicht zu tun wagen. In einem Film, den ich vor langer Zeit sah, ging es um einen Mann und eine Frau, die sich gegenseitig immer tiefer in den Sumpf des Alkoholismus' zogen. Schließlich sagte der Mann „nein" – erst zu sich selbst, dann auch zu seiner Frau.

Das Leben fordert nicht immer von uns, daß wir uns so deutlich entscheiden, und der Weg zu unseren Neins ist nicht immer so schwer. Dennoch gibt es für jeden von uns Dinge, zu denen wir „nein" sagen müssen – um unser selbst und um unserer Beziehung willen –, da wir uns sonst in eine Richtung entwickeln, die nicht in unserem wirklichen Interesse liegt.

Manchmal sind diese Neins klein und einfach; sie bekräftigen unsere Vorlieben und bestätigen unser Recht, zu sein, wer wir sind: „Nein, ich möchte nicht in die Spätvorstellung gehen, da ich sonst morgen müde zur Arbeit müßte." „Nein, ich möchte keinen Nachtisch." „Nein, ich möchte nicht auf die Party gehen."

Manchmal erfordert die Situation aber auch, daß man eindeutig Stellung bezieht: „Nein, ich möchte kein neues Auto kaufen. Wir haben bereits jetzt zu viele Schulden."

Und manchmal geht es um Leben und Tod, wie in dem erwähnten Film: „Nein, ich gebe meine Treffen mit den Anonymen Alkoholikern nicht auf, nur weil du mich Dienstag abends gerne zu Hause hättest."

Ihre Fähigkeit, im richtigen Moment „nein" zu sagen, ist Ausdruck Ihres Vertrauen in sich selbst und in die Partnerschaft. Es bedeutet, daß Ihre Verbindung Ihrer Meinung nach stabil genug ist, auch ein „nein" zu ertragen, und daß als Folge Ihr Wohlbefinden in der Beziehung und Ihre moralische Kraft wachsen werden. Wenn Sie „nein" sagen, drücken Sie Ihr Vertrauen aus, daß Sie gemeinsam nach den Werten leben können, die Ihr „Nein" repräsentiert, und daß diese Werte Sie beide auf eine Ebene tragen werden, die höher ist als die der Dinge, gegen die Sie sich zur Wehr setzen.

Natürlich können Sie bis zur Bewußtlosigkeit trinken. Natürlich können Sie lügen und Ihre Integrität verlieren. Natürlich können Sie vor all Ihren Süchten kapitulieren und sich anschließend dafür fertigmachen, daß Sie es getan haben.

Aber ein „nein" am richtigen Ort kann eine Entscheidung für das Gute, das Wahre und das Schöne sein, und in einer Beziehung für die Kraft, die Schönheit und die Möglichkeiten dieser Beziehung. Bringen Sie den Mut auf, „nein" zu sagen.

Artikulieren Sie Ihre tiefsten Ängste

 Die meisten von uns sind emotional derart angeschlagen und verletzt, daß wir, wenn wir verliebt
sind, vorzugeben versuchen, wir seien nicht emotional angeschlagen und verletzt. Wir sind so glücklich darüber, unsere Ängste durch unsere Verliebtheit einen Augenblick lang überwunden zu haben, daß wir erst uns selbst
und dann dem geliebten Menschen vormachen wollen,
daß es auf den Landstraßen unserer Persönlichkeit keine
Schlaglöcher gibt.

Das ist allerdings ein völlig unsinniger Versuch, dem geliebten Menschen etwas Gutes zu tun. „Ich möchte nicht,
daß er weiß, wie sehr ich mich davor fürchte, verlassen zu
werden, und wie oft ich schon depressiv war". „Ich möchte
nicht, daß sie weiß, daß ich Geldprobleme und schlechte
Eßgewohnheiten habe." „Er soll nicht wissen, daß mich die
Angst auffrißt, meine Schwierigkeiten könnten mich eines
Tages überwältigen." „Ich liebe sie so sehr, daß ich ihr nur
mein Bestes geben und sie nicht mit meinen Ängsten be-
lästigen möchte."

Aber unsere tiefsten Ängste beherrschen uns; sie sind
stärker als alles, was wir tun können, um sie zum Schweigen
zu bringen oder ihre Aktivitäten auszugleichen. Sie sind
derart tief in unserer Psyche verwurzelt, daß sie – auf welche
Art auch immer – zum Vorschein kommen werden.

Wenn Ihre größte Angst darin besteht, verlassen zu werden, und Sie dem anderen diesen Teil von sich nicht zeigen,
so daß er auch nicht geheilt werden kann, sorgen Sie unbewußt dafür, daß aus Angst Wirklichkeit wird. Wenn Ihr

Liebster Sie nicht sofort verläßt, werden Sie irgend etwas anstellen (zum Alkoholiker werden, sich ständig unter Leistungsdruck stellen oder ein Verhältnis anfangen), damit er sich derartig abgelehnt fühlt, daß er Sie verlassen muß und so Ihre „Erwartung" erfüllt.

Das Gesagte gilt auch für die tiefsitzende Angst, wertlos zu sein, nicht klug oder nicht schön genug zu sein; beherrscht, benutzt oder überfordert zu werden. Wenn Sie nicht über Ihre innere Qual sprechen, kreieren Sie eine Situation, in der Ihre Ängste an die Oberfläche kommen müssen; denn sie klopfen wie traurige, verlassene Kinder so lange an die Tür unseres Herzens, bis wir sie hineinlassen.

Wenn Sie Ihre Ängste nicht mitteilen, sie anschauen und lieben, dann werden diese auch weiterhin auf teuflische Weise Ihr Leben dominieren. Wenn Sie sie offen und direkt – auch zitternd – ausdrücken, erschaffen Sie eine tiefe Intimität. Angst verschwindet im hellen Licht des Tages, sie wird davongefegt vom Wind der wahren Liebe.

Erkennen Sie Ihre ambivalente Haltung an

 Wir alle führen unsere Beziehungen nach tief in uns verankerten Mythen. Diesen Mythen zufolge muß uns jede Beziehung, die wir eingehen (ob Ehe, Lebenspartnerschaft oder die momentane Traumbeziehung), auf allen Ebenen befriedigen, und zwar ständig, ausschließlich und lebenslang.

Diese Mythen lassen uns nicht viel Raum zum Atmen. Wir alle suchen nach diesem glückseligen, vollkommenen, erfüllten Zustand, aber manchmal fühlen wir uns in die Enge getrieben. Der Grund dafür ist, daß wir alle – ganz gleich, wie gut wir zusammen passen, wie tief unsere Liebe für den anderen ist oder wie bewußt wir uns auf ihn einlassen – gezwungen sind, in einer Beziehung zu leben, die zwar unser Bedürfnis nach Partnerschaft erfüllt, aber unseren Wunsch nach Freiheit unterdrückt. Wir brauchen aber beides. Wir brauchen die Sicherheit der Beziehung und das Glück der Verbundenheit, zugleich aber auch Freiräume, Zeit für uns selbst, Anregung und Inspiration durch eigene Freunde; die Möglichkeit, uns und unsere Welt zu erforschen.

Aus diesem Grund haben Sie – ganz gleich, wie verliebt Sie sein mögen; egal, wie glücklich Sie sich in der Partnerschaft fühlen; unabhängig davon, wie sehr Sie sich wünschen, sie möge ewig halten – wahrscheinlich hin und wieder ein ambivalentes Gefühl.

Diese nur verschwommen wahrgenommene („Ich möchte mal wieder mit den Jungs einen Zug durch die Gemeinde machen") oder völlig unterdrückte Ambivalenz

Daphne Rose Kingma

(ausgedrückt in Schnulzen wie „Dein ist mein ganzes Herz") gehört zu den Kernfragen einer jeden Beziehung und kann in Augenblicken des Stresses (wenn die Sehnsucht nach Freiheit und persönlicher Entwicklung das Verlangen nach Verbundenheit und Zugehörigkeit überwiegt) zum Grund für eine Trennung werden.

Diese Ambivalenz ist so bestimmend und gleichzeitig so unerkannt, weil wir nicht darüber reden. Wir meinen, wenn wir den anderen „wirklich" lieben, „sollten" wir solche Gefühle eigentlich gar nicht empfinden. Daher können wir unserem Partner nicht sagen: „Es hat mir gut getan, daß du sechs Wochen Urlaub gemacht hast. Jetzt, da du wieder zu Hause bist, fühle ich mich eingeengt. Hättest du nicht Lust, wenigstens einmal in der Woche Karten spielen zu gehen?" Wir sagen nicht: „Ich liebe dich wie wahnsinnig, aber ich möchte gerne mal eine Woche lang allein schlafen."

Unsere Unfähigkeit, über die Tatsache zu reden, daß wir trotz unserer Liebe das Bedürfnis nach persönlichen, individuellen Erfahrungen haben, bringt uns manchmal dazu, diese Bedürfnisse wie einen letzten Verzweiflungsangriff auf eine ansonsten harmonische Beziehung auszudrücken.

Obwohl wir dieses Paradox des Menschseins niemals gänzlich werden lösen können, so können wir dennoch für uns und unseren Liebling Frieden finden, wenn wir zumindest zugeben, daß jede Beziehung in bezug auf diese Ambivalenz immer auch ein Drahtseilakt ist.

Akzeptieren Sie die Dinge so,
wie sie sind

 Meistens gehen wir Beziehungen ein, weil wir ihre eindeutigen Vorteile sehen, weil wir uns von ihr bestimmte Resultate erhoffen und sie unseren Erwartungen entsprechend hegen und pflegen. Was jedoch dann tatsächlich geschieht, unterscheidet sich häufig in schockierender Art und Weise von dem, was wir uns ersehnt haben. Der Mann, den Sie heiraten wollten, hat eine enorme Angst davor, sich zu binden. Die Frau, von der Sie dachten, sie wäre eine großartige Mutter für Ihre gemeinsamen Kinder, entscheidet sich, zu studieren. Ihr Verehrer beschließt, seinen unermeßlichen Reichtum zu verschenken und in einer Höhle zu hausen.

Überraschende Veränderungen können auf den einfachsten Ebenen stattfinden: „Als ich mich in ihn verliebte, trug er stets einen blauen Blazer aus Kaschmirwolle und graue Flanellhosen, aber seit unserer Hochzeit trägt er nur noch Sweatshirts und Jeans."

Es gibt zweierlei Erwartungen: allgemeine und spezifische. Allgemeine Erwartungen haben etwas mit unseren Träumen von einer ganz besonderen Beziehung zu tun: Man wird heiraten, Kinder haben und „glücklich" sein. Spezifische Erwartungen haben mit dem zu tun, was wir vom alltäglichen Zusammensein erwarten: Er bringt den Abfall raus, und sie geht mit den Kindern so um, wie er es für richtig hält.

Einerseits sind all diese Erwartungen recht und billig. Es ist durchaus richtig, langfristige Pläne zu machen und bestimmte Ziele zu verfolgen, und es ist legitim, vom Partner gewisse Dinge zu erwarten.

Wenn Ihre Beziehung aber ein einziger Klagegesang un-erfüllter Erwartungen und Sehnsüchte geworden ist, ist es an der Zeit, sie von einer neuen Warte aus zu betrachten. Es mag die Zeit gekommen sein, die Dinge auf der spirituellen Ebene so zu akzeptieren, wie sie sind, statt auf der emotio-nalen Ebene zu lernen, „besser miteinander zu kommuni-zieren" oder „über unterschiedliche Interessen zu ver-handeln".

Akzeptanz – einen Weg finden, sich mit den Dingen, so wie sie sind, wohl zu fühlen, – ist ein hochentwickelter spiritueller Zustand, der erfordert, daß wir unsere ichbezo-gene Erwartungshaltung loslassen und das annehmen, was uns gegeben wird. Vielleicht ist er nicht der Ernährer, den Sie sich erhofft hatten, aber seine spirituelle Kraft ist Ihnen eine ständige Inspiration. Möglicherweise ist sie nicht die Hausfrau Ihrer Träume, aber wie sie mit den Kindern umgeht, ist einfach wunderschön.

Akzeptanz fördert das Wachstum der Seele. Wenn Sie in der Lage sind, die kleinen Wunder und großen Lektionen zu erkennen, die an die Stelle Ihrer Erwartungen getreten sind, werden Sie entdecken, wie unbedeutend das von Ihnen Ersehnte ist, verglichen mit dem, was tatsächlich auf Sie wartet. Und Sie werden erkennen, daß Ihr Leben einem heiligen Plan folgt, der viel komplexer und eleganter ist, als Sie es sich jemals hätten vorstellen können.

Wenn Sie ein wirklich großartiges Leben führen wollen und eine Beziehung haben möchten, die Ihre wildesten Er-wartungen übertrifft, entledigen Sie sich Ihrer Erwartungen und akzeptieren Sie die Dinge so, wie sie sind.

Stellen Sie sich dem Verdrängten

Verdrängung – etwas aktiv vergessen oder nicht zugeben; sich selbst davon abhalten, eine unbequeme Wahrheit anzuerkennen und sich mit ihr auseinanderzusetzen – ist eine psychologische Verhaltensweise, die wir alle nur zu gut kennen. Die Verdrängung hat eine emotionale und sogar eine spirituelle Funktion. Sie umgibt den Schmerz mit einer Mauer, schützt uns vor Schmerzen, Mißbrauch, Verlassenwerden, vor schlechten Beispielen und Enttäuschungen, mit denen wir nicht konfrontiert werden wollen. Dennoch ist Verdrängen nur ein unreifer, vorübergehender Ausweg, und die Konsequenzen können – langfristig gesehen – weit schlimmer sein, als sich dem Schmerz zu stellen, der verdrängt werden mußte.

Wird Verdrängung zur Gewohnheit, ist sie nichts als ein fauler spiritueller Kompromiß, der unser Wachstum in jeder Hinsicht hemmt. Sie trennt Eigenschaften und Verhaltensweisen ab, die unser Leben nicht nur beschränken, sondern sogar zerstören können, solange sie verdrängt werden. Eine Alkoholikerin, die sich ihre Sucht nicht eingesteht, läuft beispielsweise Gefahr, aufgrund ihrer Verdrängungsmechanismen in einen schweren Autounfall verwickelt zu werden, ins Gefängnis zu kommen, ihren Mann, ihre Kinder, ihre Arbeit, ihren sozialen Status, ihre Seele und ihr Leben zu verlieren. Wer sich weigert, anzuerkennen, daß er seine Kreditkarten in selbstzerstörerischer Absicht benutzt, geht vergleichbare Risiken ein.

Aufgrund der Natur der Verdrängung, die ein unbewußtes, aber dennoch absichtliches Nichtwissen ist, ist es schwierig, den Mechanismus in sich selbst aufzuspüren. Es dennoch zu tun, braucht Mut und eine Weite des Geistes, die es Ihnen ermöglicht, sich mit den eigenen negativen Aspekten zu konfrontieren. Wenn Ihr gegenwärtiger Geliebter oder Ihre ehemalige Freundin Ihnen sagen, Sie hätten ein Alkoholproblem, Sie würden andere manipulieren oder Sie könnten nicht mit Wut umgehen, sollten Sie Ihren Mut zusammennehmen und sich die nackte Wahrheit anschauen (wenn nötig, mit professioneller Hilfe), die hinter diesen (zugegebenermaßen schwer hinzunehmenden) Anschuldigungen liegen könnte.

Es tut weh, hinter den Vorhang unserer Verdrängungen zu blicken, denn dort gibt es vieles, mit dem Sie sich auseinandersetzen müssen: alte Wunden oder die Angst, nicht stark genug zu sein, um weiterzumachen. Man braucht Mut, dem Verdrängten ins Gesicht zu sehen, gerade weil man glaubt, das verletzliche Ego und das wahrscheinlich schon angeschlagene Selbstwertgefühl würden angegriffen. In Wahrheit ist dies ein Schritt in Richtung eines stärkeren Selbstbewußtseins.

Diese Hemmschwellen sind ein Teil des Prozesses. Wenn wir das Ego und unser Selbstwertgefühl überbewerten oder zu sehr daran hängen, kann das bereits ein Zeichen für Verdrängung sein. Wir sind dann nämlich so sehr mit dem Schutz unseres Selbstbildes beschäftigt, daß wir den wahren Menschen dahinter vergessen. Die Wahrheit ist jedoch, daß es niemanden gibt, der so gut ist wie Sie: Sie, so wie Sie sind, mit all den Gefühlen, vor denen Sie manchmal Angst haben, mit all Ihren charmanten Verrücktheiten, mit der Trauer und dem Schmerz, den Sie ertragen können.

Nehmen Sie Ihren Mut zusammen und schauen Sie sich das Verdrängte genau an, denn dahinter verbirgt sich eine strahlende Seele, ein ganzes, neues, bewußtes Selbst, das darauf wartet, der Wahrheit ins Auge zu sehen und endlich geboren zu werden.

Respektieren Sie das andere Geschlecht

 Es ist traurig, daß wir uns selbst dazu auffordern müssen, das andere Geschlecht zu respektieren. Daß wir heute in einer Welt leben, in der die Gegensätze zwischen den Geschlechtern so unüberbrückbar zu sein scheinen, liegt daran, daß wir seit Jahrzehnten mit Artikeln, Büchern und Vorschlägen bombardiert werden, die die Unterschiede zwischen Männern und Frauen betonen. Um der Einheit willen – in der Gesellschaft ebenso wie in unseren intimen Beziehungen – müssen wir uns heute dafür entscheiden, das andere Geschlecht zu ehren.

Das heißt, den Wert der Unterschiede zwischen Männern und Frauen anzuerkennen, sie zu würdigen und zu feiern und sich der Schönheit der Verschiedenheit bewußt zu werden, die Kontraste zu genießen und die Segnungen des Andersseins auszukosten, anstatt Unterschiede zu vergrößern und zu vertiefen. Es heißt nicht, eine Mauer aus Unterschieden zu errichten, sondern sich an jedem einzelnen als Gegenstück der einzigartigen Besonderheiten des eigenen Geschlechts zu erfreuen.

Es bedeutet auch, sich von der Oberfläche in die Tiefe zu begeben; zu erkennen, daß in uns allen unter der Maske der vertrauten Geschlechtsmerkmale ein ähnliches Bewußtsein heranwächst und jeder von uns einen großen Schatz kostbarer Gefühle in sich birgt. Die Trauer eines Mannes über den Verlust seines Vaters ist nicht weniger real als die Trauer einer Frau über den Verlust ihrer Mutter. Das Herz eines Mannes wird ebenso tief von einem Sonnenuntergang, von raschelnden Blättern in der Stille der Natur oder der kristallenen Klarheit eines Herbstmorgens berührt wie das Herz einer Frau. Im Kern werden wir alle von unseren Leiden und von der Majestät und den Wundern des Lebens berührt – nicht als Männer und Frauen, sondern als Menschen.

Wenn wir das erkennen, konzentrieren wir uns nicht länger auf Unterschiede, weil wir wissen, daß wir das andere Geschlecht ehren können, ohne uns selbst zu schaden oder zu kurz zu kommen. Wir erinnern uns daran, daß wir alle leben und leiden und echte Liebe, die Liebe der Seele, weit über „männlich" und „weiblich" und alle Geschlechtsunterschiede hinausgeht.

Öffnen Sie sich den Botschaften des Lebens

 Das Leben hat viele Botschaften für uns. Sie erreichen uns in vielerlei Form und kommen in unerwarteten Verpackungen. Wenn wir hören, daß ein Wirbelsturm aufzieht, werden wir wahrscheinlich unsere Pläne ändern; wenn wir einen Film sehen, der uns zu Tränen rührt, öffnet sich unser Herz ein wenig; wenn wir die Treppe hinunterfallen, weil wir es zu eilig hatten, wird uns unmißverständlich „mitgeteilt", daß wir uns mehr Zeit nehmen sollten. Und sollten Sie auf einem Seminar der Liebe Ihres Lebens begegnen und sofort Ihr Haus verkaufen, um zu ihm nach Paris zu ziehen, so wird Ihnen gezeigt, wie magisch das Leben sein kann. Alle diese Beispiele sind Botschaften, und wenn wir offen genug sind, sie entgegenzunehmen, können sie unser Leben völlig verwandeln.

Die meisten Menschen meinen, daß wir Informationen durch unsere Augen, Ohren, Nasen und Hände empfangen – was ja auch stimmt –, aber diese Sinnesorgane nehmen nicht nur Informationen auf, sie begrenzen unsere Wahrnehmung auch. Wenn wir mit den Ohren hören, so hören wir zwar Geräusche, wissen aber nicht immer, was sie bedeuten. Wenn wir etwas mit den Augen sehen, nehmen wir zwar ein Objekt wahr, aber nicht immer die ihm innewohnende Essenz. Und wenn wir etwas mit den Händen berühren, haben wir vielleicht nicht alles gefühlt, was es zu fühlen gab.

Für Botschaften offen zu sein – gleich, welche Form sie haben – heißt, ein offenes Bewußtsein zu haben, sich nicht mit der verstandesmäßigen Übersetzung der Botschaften der Sinne zufrieden zu geben, sondern mit dem ganzen Körper und aus vollem Herzen zu hören, zu sehen, zu fühlen und zu wissen.

Dem Körper wohnt ein Wissen und dem Herz eine Weisheit inne, die weit über das Sehen der Augen, das Hören der Ohren, die sensible Berührung der Hände und sogar das Riechen unserer schlauen Nasen hinausgeht.

Mit dem ganzen Körper zu lauschen ist eine äußerst eindringliche Erfahrung, denn der Körper ist ein vollkommener Empfänger. Der Körper kann Botschaften durch ein Erschauern, einen Schmerz in der Herzgegend, einen erhöhten Pulsschlag oder eine verschwimmende Sicht unmittelbar erfahren. Sie „wissen" manchmal ganz unmittelbar mit dem Körper, ohne auch nur den leisesten Zweifel zu hegen. Das Gleiche gilt auch, wenn Sie mit dem Herzen zuhören. Das Herz kennt keine gefälligen Kategorien, ordnet nicht in Schubladen ein, weiß nichts von „gut" oder „schlecht", von „ja" oder „nein". Das offene Herz ist ein wundervoller Empfänger, denn es wird von allem, was es erfährt, vollkommen berührt.

Uns ist in diesem Leben die heilige Chance gegeben, immer größer und offener zu werden, bis wir jede Botschaft empfangen können, gleichgültig, wann und in welcher Form sie uns erreicht. Wir können uns so weit öffnen, daß wir die Wahrheit erkennen können, die in allen und allem verkörpert ist. Wir werden auf diese Weise nicht nur unendlich viel wissen, sondern in jeder Hinsicht ein größeres und bewußteres Leben führen.

Bringen Sie den Mut zur Kritik auf

 Kritik, jene ungeschminkten Worte, mit denen wir das Verhalten – auch das negative – eines anderen Menschen beschreiben und beurteilen, ist das wahrscheinlich schwierigste Unterfangen in einer intimen Beziehung. Es erfordert Verantwortungsgefühl, Großzügigkeit, Integrität und Takt, den geliebten Menschen auf eine Weise zu kritisieren, die ihm das Tor zur Transformation öffnet. (Natürlich ist der richtige Augenblick dabei auch von Bedeutung, denn es gibt auch für das Kritisieren gute und schlechte Zeitpunkte.)

Oft betrachten wir Kritik als etwas ausschließlich Negatives; als Methode, einen Menschen oder sein Verhalten solange schlechtzumachen, bis sein Geist gebrochen ist. Aber das muß nicht so sein, im Gegenteil: Legitime Kritik ist eine Kunst. Setzt man die Kritik gut ein, so kann sie ein feines Instrument der gegenseitigen Charakterformung sein, ein Kompliment der höchsten Klasse. Jemanden zu kritisieren bedeutet, daß Sie ihn als wertvollen Menschen betrachten und darauf vertrauen, daß er sich verbessern möchte, und daß Sie in Ihrem Herzen ein Bild von ihm bewahren, das ihn in all seiner Schönheit zeigt. Wird Kritik liebevoll geäußert, dient sie als Ermutigung und wird zum Instrument der gegenseitigen Vervollkommnung.

Die meisten von uns wissen nicht, daß wir unsere Kritik am besten äußern, indem wir zunächst das Gute anerkennen, bevor wir anfangen, zu beurteilen. Es ist viel Liebe, Integrität und Einsicht erforderlich, denjenigen, dem Sie einen Spiegel vorhalten, gleichzeitig zu ehren. Jemanden gut zu kritisieren, setzt voraus, daß Sie die Schwäche, den Fehler oder das Verhalten, das verbessert werden könnte, sorgfältig benennen.

Sie können dies auf die folgende Weise tun: Benennen Sie zunächst genau, was Sie für kritikwürdig halten – zum Beispiel, daß Ihr Partner Ihren Füller nie verschließt, nachdem er ihn benutzt hat. Überlegen Sie sich dann gut, ob es dabei lediglich um Ihre eigenen Vorlieben geht oder ob eine Änderung dem anderen tatsächlich zum Vorteil gereichen würde. („Ich mag blaue Servietten; warum hast du grüne gekauft?" illustriert das erstere. „Wenn du den Füller nicht verschließt, trocknet er aus, und dann können wir ihn beide nicht mehr benutzen" das letztere.) Äußern Sie anschließend Ihre Kritik sorgfältig und bewußt auf eine Weise, die den anderen ehrt, ihm aber zugleich das Verhalten vor Augen führt, von dessen Änderung er profitieren würde. („Mir ist aufgefallen, daß du die Kappe nicht auf den Füller gedreht hast. Ich wünschte, du würdest ihn verschließen. Die Tinte trocknet ein, und dann schreibt er nicht mehr richtig. Es irritiert mich, wenn ich ihn so vorfinde. Außerdem schreibst du so schön, daß es eine Schande wäre, wenn du das nächste Mal keinen funktionierenden Füller mehr hättest.") Überprüfen Sie schließlich, ob Ihre Kritik angenommen wurde. Sollte sie in irgendeiner Form mißverstanden worden oder unverständlich gewesen sein, benutzen Sie andere Worte und wiederholen Sie sie, bis Sie sich sicher sind, daß man Sie verstanden hat.

Kritik, die auf ehrliche Art und Weise geäußert wird, kann ein großes Geschenk sein.

Nehmen Sie Kritik an

 Es erfordert Selbstachtung, Mut und ein hochent-
wickeltes Selbstgefühl voll Vertrauen, Durchhalte-
vermögen, Unterscheidungskraft und Verände-
rungsbereitschaft, Kritik annehmen zu können. Sie können
dies unmöglich tun, wenn Sie nicht von Ihrem eigenen
Wert überzeugt sind oder Angst haben, die Ansichten eines
anderen Menschen könnten Sie vernichtend treffen.

Kritik anzunehmen, erfordert Vertrauen, da wir uns
den Wahrnehmungen, dem Bewußtsein und dem guten
Willen eines anderen Menschen öffnen. Wir sagen gewissermaßen: „Ich bin für das, was du sagst, offen und stelle es
im Moment über das, was ich über mich selbst weiß."
Außerdem beweisen Sie dadurch, daß Sie darauf vertrauen,
daß der von Ihnen geliebte Mensch Ihr Wohlergehen im
Sinn hat und glauben, daß das, was er Ihnen sagt, zu Ihrem
Wachstum beitragen wird und kein Versuch ist, Sie herab-
zusetzen.

Um dazu in der Lage zu sein, benötigen Sie auch Durch-
haltevermögen, denn Sie müssen emotional stark und
flexibel genug sein, Aussagen, die Ihr Ego in Frage stellen,
anzunehmen und sie gut zu nutzen, um sich, Ihr Verhalten
oder Ihre Einstellung zu ändern und zu wissen, daß Sie immer noch Sie selbst sein werden, wenn Sie die Änderung
vollzogen haben.

Sie brauchen aber auch Unterscheidungskraft, denn nicht
jede Kritik ist legitim. Manche Äußerungen tun weh, weil sie
ins Schwarze treffen, andere liegen so weit daneben, daß es
eine Beleidigung ist, sie überhaupt anhören zu müssen.

Hier ein paar Tips zum Umgang mit Kritik: (1) Bleiben Sie offen. Hören Sie zu; verdauen Sie das Gesagte, bevor Sie darauf reagieren. Es mag für Sie von Wert sein. (2) Trifft die Kritik zu, nehmen Sie sie von Herzen an, und vollziehen Sie die notwendigen Änderungen. (3) Wenn Sie sich nicht darüber im klaren sind, ob die Kritik zutrifft, denken Sie noch einmal darüber nach. Nehmen Sie an, was für Sie stimmt, und verwerfen Sie den Rest. Wenn die Kritik wirklich überhaupt nichts mit Ihnen zu tun hat, können Sie zum Beispiel sagen: „Vielen Dank, aber ich habe nicht das Gefühl, daß deine Kritik zutrifft." (4) Bedanken Sie sich unter allen Umständen. Zutreffende Kritik kann Ihren Weg erleichtern, und – ob wahr oder unwahr – sie bietet Ihnen immer die Gelegenheit zur Selbsterforschung.

Kritik zu üben, ist eine Kunst, und sie anzunehmen, ist ein Zeichen von Vertrauen. Mit dem geliebten Menschen Kritik auszutauschen ist ein Meilenstein auf dem Weg bewußter Liebe.

Integrieren Sie die göttliche Erotik

 Ihr erotisches Leben, der Ausdruck Ihrer Sinnlichkeit in allen Lebensbereichen integriert auf mysteriöse und wundervolle Art und Weise alle Aspekte Ihrer Persönlichkeit und Seele. Erotik ist der heilige Spielplatz der körperlichen Leidenschaft und damit der Bereich, in dem sich Geist und Materie am stärksten begegnen. Hier wird der Körper zum Freudentempel tief verwurzelter Verbundenheit, von Trost und Heimkehr.

Durch unsere Sinnlichkeit drücken sich unsere Gefühle in körperlicher Form aus. Der Körper weiß, fühlt und teilt seine Bedürfnisse auf direkte und unmißverständliche Weise mit. Wenn wir auf die richtige Art berührt werden, wenn wir einander anmutig und ekstatisch lieben, werden wir ohne Worte auf eine Ebene emporgehoben, auf der Körper, Geist und Seele sofort geheilt werden können.

Weil die Kraft der Sexualität die Kluft zwischen Körper und Seele heilen kann, ist unser Verlangen danach viel stärker, als es durch den körperlichen Sexualtrieb allein zu erklären wäre. Der Grund dafür liegt in dem tiefen Wissen, daß uns das erotische Leben Integration bringen kann. Jedem Menschen wurden Verletzungen beigebracht (und sei es nur durch die in unserer Kultur vorherrschende Unterdrückung oder pervertierte Überbetonung des Erotischen), und nur diejenigen, die auf der körperlichen, emotionalen und sexuellen Ebene von ihren Wunden geheilt wurden, können ein Medium für das Mitgefühl sein und der ganzen Welt groß- und freizügig gegenübertreten.

Leider ist es vielen von uns bisher nicht vergönnt gewesen, den Körper, die uns innewohnende Sinnlichkeit, unsere Sexualität und die Kraft des Erotischen in unser spirituelles Leben zu integrieren. Wir sind uns nicht einmal sicher, ob wir das wirklich tun sollten, obwohl wir immer wieder auf unbestimmte Weise spüren, daß auch die Erotik göttlich ist.

Wenn die sexuelle Energie und Freude nicht eine solche gewaltige Macht wäre, würde sich wohl kaum ein Mensch mit ihr befassen. Statt uns so sehr auf sie zu konzentrieren – positiv wie negativ –, wie wir es heute tun, könnten wir dann doch wohl ganz gut ohne sie leben. Aber die Sexualität ist ein strahlendes Licht, das auch die Motten der Dunkelheit anzieht, und schon allein aus diesem Grund ist es unsere spirituelle Verantwortung, das Göttliche und das Erotische in unser Leben zu integrieren.

Vergessen Sie daher auf Ihrer großen Suche nach Liebe nicht das feinste und wundervollste Gefühl, das sich Ihr Herz vorstellen kann. Bemühen Sie sich bewußt um eine sexuelle Heilung, die Ihre Persönlichkeit und Ihre Seele mit Ihrem Körper in Einklang bringt. Denn wenn Sie Ihre Sexualität integrieren und sie als die erstaunliche Gabe erkennen, die sie tatsächlich ist, heilen Sie nicht nur sich selbst und Ihren Partner, sondern bringen der ganzen Welt den Segen der göttlichen Erotik.

Erkennen Sie die Sehnsucht Ihrer Seele

 Wir sind Seelen, Besucher und Entdecker der Erde, die ein menschliches Kostüm angelegt haben. Wir sind hier, weil wir hier sein wollen, weil das Leben ein so wunderbares Geschenk ist und weil wir es auf keinen Fall verpassen wollten.

Aber als Seelen sind wir immer auch ein wenig traurig und zweifeln daran, ob das Leben in der materiellen Welt wirklich notwendig ist. Das liegt daran, daß die Seele frei ist, weder Form noch Inhalt, Projekte oder Ziele hat. Ihre Essenz ist reine Essenz, ihre Bestimmung reines Sein. Wenn sich die Seele mit der Materie verbindet und wir zu Menschen werden, lebt in uns noch immer die Erinnerung an das Leben in vollkommener Freiheit, das unser war, bevor die Umstände der Verkörperung, des Intellektes und der Persönlichkeit unsere zeitlose, strahlende Essenz einschränkten.

Daher tragen wir Menschen tief in uns eine Sehnsucht nach einem namenlosen Etwas, nach einem Weg, einem Ort und einem gesegneten Leben, das sich uns irgendwie zu entziehen scheint. Wir erinnern uns nur bruchstückhaft an das Leben der Seele, das wir lebten, bevor wir geboren wurden. Es erscheint uns wie ein Traum, dessen Bilder vor dem Erwachen verfliegen; wie eine Leidenschaft, deren schönste Augenblicke entfliehen und nicht wieder eingefangen werden können; wie der Klang einer fernen Melodie.

Manchmal stimmt es uns aufgrund dieser Erinnerungen traurig, einfach nur Mensch zu sein. Wir lieben zwar die schönen Dinge dieser Welt, aber sie befriedigen unsere

Seele nie wirklich. Unsere Körper sind wundervoll, denn sie verschaffen uns die großen Freuden der Leidenschaft, und dennoch fallen sie am Ende von uns ab wie leere Hülsen. Wir wissen, sie sind nicht identisch mit uns und wir nicht identisch mit ihnen. Wir stopfen unser Leben mit menschlichen Aktivitäten (Karriere, Erfolg, Beruf) und mit unglaublichen Schöpfungen (Kunst, Musik, Tanz) voll. Unsere Seele wird zwar davon berührt ... und entsinnt sich ... findet aber durch das, was wir sagen oder tun, nie ganz zur Ekstase zurück.

Diese unterschwellig ständig vorhandene Unzufriedenheit, die wir auch dann spüren, wenn unser Leben gerade wundervoll und großartig zu sein scheint, ist ein Hinweis auf unsere wahre Essenz. Denn wir sind Geist. Und der Geist ist grenzenlos, ein Atemzug im unendlichen weißen Wind der ewigen Seele. Unsere Unzufriedenheit ist ihr Flüstern, die uns zur Wirklichkeit jenseits der Wirklichkeit ruft, die uns daran erinnert, woher wir kommen, und uns wieder heimwärts lockt.

Erzählen Sie einander Ihre Geschichte

Wenn wir lange mit einem Menschen zusammen sind, glauben wir, daß er uns kennt. Tatsächlich weiß er eine Menge über uns, aber erst, wenn wir ihm unsere Geschichte erzählen – die zu Herzen gehenden Begebenheiten, in denen sich unsere Konflikte, süßen Augenblicke und Enttäuschungen, unsere wildesten Hoffnungen und Träume zeigen –, offenbaren wir ihm unser wirkliches, verletzliches Selbst. Wenn wir einander unsere Geschichte nicht erzählen, sind wir füreinander nur eindimensionale, weiße Leinwände, auf die wir nichts als die eigenen Vorstellungen projizieren.

Weil jeder Mensch eine Geschichte hat, fühlen wir uns miteinander verbunden, wenn wir die des anderen hören. Die Geschichte ist ein großer Fluß, der durch die menschliche Landschaft fließt, und die individuellen Erlebnisse sind die kleinen Bäche, die uns mit der Quelle verbinden. Wenn Sie Ihre Geschichte erzählen, machen Sie sich auf einer Ebene verletzlich, die allen Menschen gemein ist. Unabhängig davon, wie unterschiedlich unsere Geschichten auch sein mögen, ihnen allen liegen die gleichen Schmerzen zugrunde, die jeder von uns erleiden mußte.

Erzählen Sie Ihrem Liebling Ihre Geschichte – den schlimmsten Augenblick Ihrer Kindheit, den aufregendsten Moment, den größten Fehler Ihres Erwachsenenlebens –, und Sie werden ein Selbst entdecken, das Sie bisher nicht kannten. Das liegt daran, daß zwischen den Worten, mit denen Sie Ihre Geschichte erzählen, der wahre Sinn zum Vorschein kommt; daß sie nicht nur Fakten wiedergeben, sondern auch die Gefühle mitteilen, die Sie formten, und der Punkt der Reise erkennbar wird, von dem aus es kein Zurück mehr gab.

So sind Sie sich beispielsweise der Faszination Ihres Mannes für Architektur bewußt, verstehen aber nicht wirklich, weshalb er ihr nachgegangen ist, bis er Ihnen erzählt, daß sein Vater eines Abends so wütend über sein nächtliches Zeichnen wurde, daß er alle Bleistifte zerbrach, in den Mülleimer warf und tobte: „Wenn du deine Zeit auf diese Weise verschwenden willst, werde ich dir keinen Pfennig für dein Studium geben!"

Sie wissen wahrscheinlich von der Vorliebe Ihrer Frau für Astronomie, ohne zu wissen, woher diese stammt, bis Sie Ihnen erzählt, daß sie als kleines Kind ihre Eltern häufig unten im Wohnzimmer streiten hörte. Dann legte sie sich aufs Bett und schaute so lange in den Himmel, bis die Sterne ihr weißes Licht direkt in ihr Zimmer warfen, so daß sie endlich einschlafen konnte.

Wenn Sie Ihre persönliche Geschichte erzählen, wenn Sie ihr Garn spinnen und spinnen, erzählen und immer wieder neu erzählen, wird sich das Knäuel, das sich um Ihren Schmerz gewickelt hat, langsam entwirren. Und wenn Sie der Geschichte des von Ihnen geliebten Menschen zuhören, wird er im Prozeß des Zuhörens zu einem mehrdimensionalen Wesen.

Erzählen Sie einander Ihre Geschichten. Sie sind mehr als nur ein Zeitvertreib beim Essen oder auf einer langen Fahrt. Sie sind Ihr Selbst, ausgesprochen und erzählt, in Zeit und Form gebracht; sie sind ein liebevolles Geschenk für Sie beide.

Seien Sie sich Ihres Unbewußten bewußt

 Bewußtsein – bewußt zu sein und sich seines Bewußtseins bewußt zu sein – ist eine dem Menschen eigene Gabe. Wir handeln, entscheiden und verhalten uns auf bewußte Weise im Zustand der Wachheit. Wir tun, was uns „bewußt" ist; wir handeln aufgrund von Entscheidungen, die wir als solche erkennen; wir verhalten uns so, wie es uns bewußt ist, und erkennen, daß die beabsichtigten Resultate Wirklichkeit werden.

Aber unter dem Bewußtsein liegt der dunkle Keller des Unbewußten. In seinen Tiefen liegen Erinnerungen, Erfahrungen und Ereignisse, die unser Leben beeinflußt haben, als Triebfedern verborgen, die unser Handeln ständig bestimmen.

Wir alle haben im Unbewußten viele Dinge gelagert – darunter Schmerzen aus unserer Kindheit, die so grauenhaft sind, daß wir uns nicht mehr bewußt an sie erinnern können, und unzählige kleine, aber dennoch schmerzhafte Ereignisse, die uns tief beeinflußt haben –, erinnern uns aber nicht mehr an sie. Da wir diese Dinge noch nicht ans Tageslicht gebracht haben, um sie bewußt zu untersuchen und zu heilen, verletzen wir uns selbst und andere in unbewußter Sorglosigkeit damit.

Wenn ein Schmerz oder eine Angst aus der Kindheit zufällig geweckt wird („Er stellte die Möbel dreimal um, und ich hatte Angst, daß er, wie mein Vater, niemals mit irgend etwas zufrieden sein würde!"), attackieren wir unser Gegenüber häufig sofort („Ich finde es unglaublich, daß du den ganzen Tag damit verschwendest, das Wohnzimmer umzuräumen. Du spinnst wohl!") oder äußern unseren Haß auf andere Weise.

Unbewußte Verhaltensweisen bestimmen – und sabotieren – unser Leben mit einer ungeahnten Macht. Ob wir nun jedes Skelett im Keller unseres Unbewußten benennen können oder nicht, ist es doch unsere Pflicht, uns bewußt zu sein, daß dort unten Knochen herumliegen. Wir sind uns selbst gegenüber für unser bewußtes, aber auch für unser unbewußtes Verhalten verantwortlich. Unbewußtheit ist keine Entschuldigung; in einer Beziehung ist sie sogar in höchstem Maße unverantwortlich.

Kleine Fehlleistungen des Unbewußten zeigen sich in den üblichen Problemen, die aus der Unfähigkeit entstehen, sich ganz auf den geliebten Menschen einzulassen, oder in winzigen Wutausbrüchen in Form kleiner unbewußter Handlungen ("Das habe ich glatt vergessen!", "Das habe ich doch nicht so gemeint!"), aber unbewußte Handlungen mit weitreichenden Konsequenzen sind fast so etwas wie zwischenmenschliche Verbrechen, für die wir voll verantwortlich und haftbar sind. Dazu gehört ein riesiges Spektrum von Handlungen wie diesen: Eine Frau flirtet auf einer Party, weil sie böse auf ihren Mann ist, der wieder einmal zu spät nach Hause gekommen ist; ein Vater schlägt seinen Sohn, weil sein Chef ihn zur Schnecke gemacht hat.

Wir alle tragen Dinge in uns, die zu Monstren werden können, und bestimmte unbewußte Handlungen können unsere Beziehungen ruinieren – wenn nicht gar unser Leben. Daher tun wir gut daran, unsere tief verborgenen Triebkräfte zu erforschen, denn in einer Partnerschaft (und im Leben) müssen wir für solche persönlichen "unbewußten" Untaten geradestehen.

Suchen Sie nach Gemeinsamkeiten

 In der „Wie-du-mir-so-ich-dir"-Welt des psychologischen Dramas neigen wir dazu, in Gegensätzen zu denken und Partei zu ergreifen. Wir suchen nach Absichten und Wirkungen. („Sie kam nur deshalb zu spät, damit ich mich aufrege." „Er hat das nur gesagt, um mir weh zu tun.") Wir wollen Wiedergutmachung für Beleidigungen und Verletzungen; wir rechnen auf („Du bist viel öfter als ich zu spät gekommen." „Du hast mehr ungedeckte Schecks ausgestellt als ich." „Du hast mich öfter verletzt als ich dich." „Du bist viel gemeiner als ich – zumindest hast du dich öfter als ich gemein verhalten.").

Es scheint, als ob wir in unseren Beziehungen dadurch Frieden erreichen wollen, daß wir Dinge gegeneinander aufrechnen. („Wenn ich dich wie einen Feind behandele, dir deine Missetaten zeige und beweise, daß du schuldig bist, wirst du mich aufgrund deiner Schuldgefühle mehr lieben.")

Unglücklicherweise (und glücklicherweise) ist der geliebte Mensch aber keine Firma, die man für ein schadhaftes Produkt vor Gericht zerren und auf Schadensersatz verklagen kann. In der Liebe „zahlen" wir nicht, wenn wir uns schämen oder schuldig fühlen. Ganz im Gegenteil, wir machen uns dann lieber aus dem Staub. Eine feindselige Einstellung macht aus dem Geliebten einen Feind, und Feinde lieben sich nicht, sondern führen Krieg gegeneinander.

Wenn sich ein Konflikt abzeichnet, sollten Sie nach Gemeinsamkeiten suchen. Wenn Sie mitten in der Auseinandersetzung den Kern der Wahrheit suchen, der uns helfen kann, den anderen zu verstehen, finden Sie auch den Weg zurück zur Einheit.

Wir alle haben eine dunkle Seite; wir haben einander mehr verletzt, als wir zugeben möchten. Aber selbst unsere Missetaten verdienen Verständnis, denn auch Gemeinheiten werden aus Schmerz geboren. Das entschuldigt sie zwar nicht, erinnert uns aber daran, daß selbst die furchtbaren Dinge, die wir einander antun, aus einer inneren Verletztheit heraus entstehen. Wenn Sie den Schmerz Ihres Partners verstehen können (und daher auch das dumme Verhalten, mit dem er Sie gekränkt hat) und er Sie versteht (und daher Ihr unangebrachtes Verhalten ihm gegenüber), dann können Sie einander mit Mitgefühl begegnen, die Fehlentwicklung Schritt für Schritt zurückverfolgen und wieder von vorn beginnen.

Wenn Sie sich von ganzem Herzen Vereinigung, Vergnügen, Kameradschaft, Unterstützung und Wärme von Ihrem Geliebten wünschen, sollten Sie ihn sich nicht zum Feind machen. Selbst inmitten der wildesten Auseinandersetzung können Sie es mit Neugierde und Freundlichkeit versuchen: „*Weshalb* bist du eigentlich zu spät gekommen?" oder „*Warum* warst du eigentlich so schlechtgelaunt?" Die Antworten werden Sie unter Umständen überraschen: „Im Fitneßstudio hatte der Mann neben mir einen Herzinfarkt." „Ich habe heute die Ergebnisse der Mammographie bekommen. Sie machen mir solche Angst." Sie werden etwas hören, das den von Ihnen geliebten Menschen nicht zum Feind macht, sondern Ihr Herz berührt.

Schenken Sie Ihrem Liebling
besondere Beachtung

 Wenn Sie jemanden von ganzem Herzen und aus tiefster Seele lieben, sind Sie diesem Menschen auf ganz innige Weise verbunden. Auf der tiefsten Ebene Ihres Wesens haben Sie beschlossen, diesem Menschen eine ganz außergewöhnliche Aufmerksamkeit zu schenken, die ständig den Kern seines Wesens berücksichtigt.

Diese Aufmerksamkeit schließt ein, daß der geliebte Mensch einen sicheren Platz in Ihrem Herzen hat, so daß er sich Zeit für seine emotionale Heilung nehmen kann, und auch, daß Sie wissen, wann er Zeit, Geld oder Platz braucht, auch wenn er Sie nicht darum bitten kann oder sich dessen nicht einmal bewußt ist. Es kann aber auch einfach heißen, daß Sie sich der gesundheitlichen Probleme des geliebten Menschen bewußt sind und auf Themen wie Übergewicht, Körpergefühl oder Aussehen sensibel und unterstützend eingehen. Sie können die Wahrheit Ihres Geliebten besonders dadurch achten, daß Sie seine tiefsitzende Angst vor dem Verlassenwerden anerkennen und darauf mit realistischen Versprechen und großzügigen Liebesbezeugungen reagieren, oder indem Sie Ihre Geliebte – wenn Sie wissen, daß sie sexuell mißbraucht worden ist – ermutigen, ihre Grenzen bewußt zu erforschen und so den emotionalen Heilungsprozeß einzuleiten.

Manchmal sind wir bewußt so aufmerksam, aber oft ist diese Aufmerksamkeit selbst uns ein Geheimnis und stellt eine intuitive Meisterleistung dar, die einfach so zu geschehen scheint. Der Mann, der seiner Frau „einfach so" Blumen mitbringt und erfährt, daß sie vor wenigen Minuten vom Tod ihrer Mutter erfahren hat, hat unbewußt ihren Schmerz und ihr Bedürfnis nach Trost „vorausgefühlt", bevor sie ihn überhaupt ausdrücken konnte. Eine Frau, die „ohne bestimmten Grund" mit einem Kuchen im Büro ihres Mannes vorbeischaut und dann hört, daß sich an diesem Morgen das wichtigste Geschäft des Jahres zerschlagen hat, handelt ebenfalls aufgrund einer Intuition, die sogar ihr selbst unbewußt war.

Diese intuitiven Eingebungen sind ein Geschenk der Liebe. Sie erwarten nicht, daß Ihr Liebling alle seine Bedürfnisse kennt, versteht oder Ihnen bewußt davon erzählt, sondern wissen einfach, daß es wichtig ist, auch das Unausgesprochene zu erkennen und mit intuitiver Freundlichkeit und Fürsorge darauf zu reagieren.

Machen wir uns damit nicht auf ungesunde Weise voneinander abhängig? Nicht, wenn wir es mit Bewußtsein tun (und nicht aufgrund von Abhängigkeit oder mangelnder Selbstachtung); nicht, wenn es eine völlig bewußte Handlung aus Liebe ist; und nicht, wenn Sie es zulassen können, daß man auch Sie auf diese Weise behandelt.

Erweitern Sie das Bewußtsein
Ihrer Liebe

 Manchmal scheinen wir vor einer endlosen Aufgabe zu stehen, wenn wir dem geliebten Menschen helfen wollen, auf eine bestimmte Weise zu leben oder sein Bewußtsein zu erweitern, ein größeres Ausmaß an Freiheit zu erlangen, erfolgreich oder kreativ zu sein. Uns ist völlig klar, daß er all dies verdient hat, aber wenn er das Geschenk, das wir ihm täglich geben, noch nicht einmal wahrnimmt, kann auch der beste Wille einmal erschöpft werden.

Vielleicht haben Sie gespürt, daß Ihr Mann sich einen neuen Job wünscht, und ihm Tausende von Stellenangeboten auf den Schreibtisch gelegt, ohne daß er es jemals zur Kenntnis genommen hätte. Vielleicht haben Sie versucht, das Selbstwertgefühl Ihrer Frau durch Komplimente über ihre Schönheit zu stärken und ihr die wundervollste Unterwäsche gekauft, und sie jammert noch immer über das Fett an ihren Oberschenkeln und ihre dünnen Haare. Das kann frustrierend sein, nicht wahr?

Eben weil es unsichtbar ist, wird das Geschenk der Aufmerksamkeit (und die Dinge, die wir deshalb tun) oftmals nicht wahrgenommen. Wüßte Ihr Partner, daß er diese Sachen braucht, könnte er Sie darum bitten, aber da er es nicht weiß, kann er es nicht. Ihre Aufmerksamkeit hat sich ja überhaupt erst durch seinen Mangel daran entwickelt. Als Folge fühlen wir uns oft verletzt, benutzt oder mißbraucht.

Wenn Sie sich so fühlen, bitte ich Sie, die folgende Übung auszuführen, die Ihnen helfen wird, nicht in Bitterkeit zu verfallen. (Ich benutze das Beispiel einer Frau, die ihrem Mann bei der Aufarbeitung eines Inzesterlebnisses hilft. Sie sollten sie einfach dem für Sie relevanten Thema anpassen.)

Setzen Sie sich mit einer brennenden Kerze zwischen sich hin und sagen Sie die entsprechenden Worte. Hier zum Beispiel: „In der Tiefe meiner Seele bewahre ich dein Bild. Deswegen helfe ich dir, wo immer ich kann. Ich brauche es, daß du dir dessen bewußt wirst und mir dafür dankst, damit ich dich auch weiterhin auf diese Weise lieben und dir dienen kann.

Weil ich dich liebe, trage ich gerne die Bürde deines verletzten Selbstwertgefühls mit dir, die du aufgrund des Inzests in deiner Kindheit zu tragen hast. Ich biete dir aus Liebe meine Hilfe beim Heilen der Wunde an, indem ich mich wie du weigere, den Menschen, der dich mißbraucht hat, zu treffen. Ich unterstütze deine Heilung, indem ich einen Teil der Therapiekosten übernehme, indem ich dir zuhöre und bereit bin, deine Wut über den Mißbrauch zu akzeptieren, wenn du sie ausdrücken willst.

Ich bitte dich nun, anzuerkennen, daß ich diese Bürde mit dir trage, und mir zu sagen, daß du mich brauchst, und mir zu danken.“

Ihr Partner sollte darauf etwa wie folgt antworten: „Ich erkenne an, daß du mir dabei hilfst, von meinem Inzesterlebnis geheilt zu werden. Ich danke dir dafür, daß du meine Not erkannt hast und mir auf diese schöne, heilige Art und Weise hilfst. Ich bitte dich, mir auch weiterhin zu helfen, bis meine Heilung abgeschlossen ist.“

Wenn Sie fertig sind, können Sie die Rollen tauschen, denn jeder von uns trägt immer die Bürde der Aufmerksamkeit für den anderen.

Bemühen Sie sich um emotionale Heilung

Emotionale Heilung ist eine radikale Transformation Ihrer verletzten Gefühle und eine Wiederbelebung Ihres Körpers; sie ist Nahrung für Ihren Verstand und führt letztlich zur Erleuchtung Ihrer Seele. In gewissem Sinn ist das Leben selbst eine Reise der Heilung, die wir beginnen, weil wir die wahre Natur unseres göttlichen Wesens vergessen haben und an den Ort reisen wollen, wo wir uns wieder erinnern und vollkommene Erleuchtung erlangen. Gerade weil unsere Gefühle uns so oft vom Weg abbringen, ist es so besonders wichtig, emotional geheilt zu werden. Da wir in der westlichen Welt gelernt haben, uns vor allem als fühlende Wesen zu betrachten, konzentrieren wir uns häufig zu sehr auf unsere emotionalen Probleme. Solange wir auf der Gefühlsebene noch ungelöste Konflikte haben, verhindern sie, daß wir die höheren Ebenen der Liebe erreichen.

Manchmal scheinen wir davon auszugehen, daß alle anderen Menschen von Geburt an perfekt sind und nur wir vom Schicksal so grausam gestraft wurden und ständig irgendwelche Probleme haben (im Gegensatz zu allen anderen, deren Leben eitel Freude und Sonnenschein ist). Aber dem ist nicht so. Wahr ist vielmehr, daß uns allen im Rahmen der grundlegenden Vollkommenheit des Lebens gewisse Schwierigkeiten, Einschränkungen und Probleme gegeben wurden, die eine Art meditatives Rätsel darstellen, das wir im Laufe unseres Lebens zu lösen haben.

Was wir auch immer heilen müssen – lähmende Phobien, explosive Wutanfälle, die Angst vor dem Verlassenwerden in all ihren Formen –, es ist Material für die Transformation, eine Möglichkeit, erleuchtet zu werden. Denn jedesmal, wenn wir mit einer solchen furchtbaren Beschränkung konfrontiert werden, sind wir eingeladen, über sie hinauszugehen und sie mit einer höheren Bewußtseinsebene zu verbinden, nachdem wir sie geheilt haben. Vielleicht gehört es zu Ihrer Reise, Ihr Gefühlsrepertoire zu erweitern und von Passivität zu Wut, von Wut zu Vergebung, von Vergebung zu Mitgefühl und von Mitgefühl zu uneingeschränkter Liebe zu gehen.

Da Liebe unsere Bestimmung ist, ist diese Reise der Heilung unsere wahre Lebensaufgabe. Es spielt keine Rolle, ob Sie dabei Hilfe in der Psychotherapie suchen, Meditation, Tai Chi oder Gewichtheben betreiben, den Anonymen Alkoholikern oder der Kirche beitreten, sich vegetarisch ernähren oder sich von Ihrem Partner in einer intimen Beziehung helfen lassen. Wenn Sie einen Weg hingebungsvoll gehen, wird jeder Sie zu Ihrer Bestimmung führen, da es ohnehin keine andere gibt. Es ist ganz gleich, *welchen* Weg Sie gehen; wichtig ist nur, *daß* Sie ihn gehen. Tun Sie das nicht, werden Sie ein Leben endlosen Selbstmitleids führen und von Ihren Gefühlen und den ungelösten emotionalen Problemen ohne Ende hin und her geworfen werden. Wenn Sie ihn aber gehen, werden Sie merken, daß aus der einstmals schmerzlichen Beschränkung eine unglaubliche Ressource geworden ist. Und Ihre Seele, die endlich aus den endlosen emotionalen Verstrickungen befreit ist, wird der strahlende Überbringer Ihrer Liebe sein.

Gestatten Sie Ihren Bedürfnissen, Sie zu führen

 Wenn Sie sich gestatten würden, sich von Ihren Bedürfnissen führen zu lassen, so würden diese zum Weg zu sich selbst und zum geliebten Menschen werden. Die Verleugnung Ihrer Bedürfnisse oder der Dienst am Nächsten auf Kosten Ihrer eigenen Wünsche führt hingegen dazu, daß Sie nicht herausfinden werden, wer Sie eigentlich sind, und daß Sie die Liebe anderer Menschen nicht annehmen können.

Es ist kein authentischer Zustand, keine Bedürfnisse zu haben, sondern eine Verleugnung des Menschseins, denn eines der grundlegendsten Merkmale des Menschen ist es, daß wir etwas brauchen. Das zu verleugnen, indem Sie sich auf brutale Weise selbst genügen, indem Sie andere manipulieren, so daß sie Ihnen dienen, oder indem Sie vorgeben, jede Bedürftigkeit überwunden zu haben, ist scheinheilig. Niemand auf diesem Planeten – nicht einmal Propheten oder Heilige – hat seine Bedürfnisse vollkommen transzendiert. Mensch zu sein heißt, Bedürfnisse zu haben. Und Bedürfnisse zu haben heißt Mensch sein.

Wir brauchen Nahrung; wir können liebevolle Umarmungen nicht entbehren; wir benötigen Luft und Licht und Sonne und das sanfte weiße Licht des Mondes; wir möchten gehört werden; wir sind auf Anteilnahme und auf Mitgefühl angewiesen; wir brauchen einen Beruf, der der wahre Ausdruck unserer Seele ist; wir kommen nicht ohne Gesellschaft, ohne Begleitung auf dem Weg aus; wir möchten erkannt werden und brauchen Spiegel, Freunde und Fremde, die uns zeigen, wer wir sind; wir müssen auf irgendeine Weise erfolgreich sein; wir brauchen Frieden.

Unsere Bedürfnisse sind wie Unkraut auf dem Weg; sie sind hartnäckig und fordernd. Sie sind unsere nackten, kühnsten Wahrheiten, der Mumm in den Knochen unseres Wesens. Aber meistens behandeln wir sie nicht so. Wir unterdrücken sie und halten ihnen den Mund zu, wir machen uns selbst etwas vor und tun so, als ob sie nicht existieren und zwar so erfolgreich, daß wir sie nicht einmal mehr wahrnehmen, wenn sie jemand in einer Beziehung erfüllen möchte.

Statt unsere Bedürfnisse zu unterdrücken, sollten wir sie uns bewußt machen und herausfinden, welche wir haben und mit welchen Worten wir sie angemessen ausdrücken können. Wenn ihr Ausmaß, ihre Form und ihr Inhalt (und die Entbehrungen und Verluste, die Verletzlichkeit und Talente, auf die sie hinweisen) nach und nach ans Licht kommen, entsteht vor Ihrem inneren Auge eine Landkarte Ihrer Persönlichkeit. Sie werden erkennen, wer Sie sind, was Sie wirklich brauchen und welche Freude Ihr Herz empfindet, wenn Ihre Bedürfnisse endlich erfüllt werden.

Um herauszufinden, was Sie brauchen, sollten Sie darüber sprechen und bereit sein, zu empfangen. Es ist ein Merkmal persönlicher Stärke, zu wissen, was Sie brauchen und deutlich, nachdrücklich und direkt darum zu bitten. Die Erfüllung Ihrer Bedürfnisse wird Sie ehren und dem von Ihnen geliebten Menschen gestatten, Sie auf die richtige Weise zu lieben.

Leben Sie das Paradox
von Verlangen und Hingabe

Der Weg des Herzens ist paradox. Er bewegt sich zwischen Verlangen und Hingabe. Wenn wir uns verlieben, sind unsere Herzen verzweifelt und gleichzeitig aufgeregt. Wir brennen vor Verlangen, sind ausgelassen und sehnen uns danach, dem geliebten Menschen ständig nahe zu sein. Wir zählen die Minuten, die Stunden und Tage; wir geben unser Geld mit vollen Händen aus, um Diamanten, Parfüms oder Flugtickets zu kaufen – und alles nur aus Liebe. Gleichzeitig sind wir voller Hingabe und überlassen uns ganz der Herrschaft der Liebe. Wir tun alles, gehen überall hin, sagen allen anderem Lebewohl – alles aus Liebe, weil sich unser Herz geöffnet hat und erfüllt worden ist. Eine Zeitlang beschäftigt sich unser Herz ausschließlich mit der Kunst der Liebe.

Die Beziehung geht weiter, und damit auch das Muster von Verlangen und Hingabe. Wir erwarten bestimmte kurz- und langfristige Resultate, wie intime Kommunikation, übereinstimmende Interessen, bewußte Partnerschaft und sexuelle Erfüllung. Das Herz wird nun von anderen Sehnsüchten getrieben, die nur durch bewußtes Bemühen erfüllt werden können. Man muß sich Zeit nehmen für ein Wochenendseminar für Paare, für einen Tantra-Workshop oder für 20 Minuten, die man täglich mit intimen Gesprächen verbringt

Aber während sich das Herz mit diesen Dingen beschäftigt, lehrt uns die Seele, zu akzeptieren, daß nicht alle unsere Herzenswünsche erfüllt werden können. Sie bittet uns, uns der Tatsache zu fügen, daß Dinge wie intime Gespräche, finanzielle Sicherheit oder die sexuelle Begegnung nicht die Qualität haben, die wir uns ursprünglich erhofft hatten. Möglicherweise werden wir durch unsere neue Beziehung sogar in jeder Hinsicht behindert. Dann wird es zu unserer emotionalen Aufgabe, uns dem hinzugeben, was ist.

Das Verlangen entflammt das Herz, zeigt ihm den Weg, formt unsere Beziehung in eine bestimmte, gewollte Richtung. Der Brennstoff des Verlangens sind Gefühle und Sehnsüchte, unser Suchen, Sehnen und Verlangen nach einer Vision, die unser Leben verändert. Die Hingabe als sein Gegenpol läßt Wünsche und Absichten los; sie fließt frei im Meer der Ereignisse und der sich immerfort wandelnden Erfahrungen.

Spirituelle Reife in der Liebe zeigt sich in der Fähigkeit, sich dieses Paradox zu eigen zu machen und zugleich im Verlangen als auch in der Hingabe zu leben, sowohl an der Liebe „zu arbeiten" wie ihr „nachzugeben". Das ist wahr, wenn wir uns verlieben, und bleibt wahr bei jedem Schritt unserer intimen Beziehung und auf dem Lebensweg überhaupt.

Wenn Sie sich diesem Paradox überlassen, führt das nach und nach zu innerer Ausgeglichenheit. Hören Sie auf, alles verstehen zu wollen, und lassen Sie sich von den gegensätzlichen Armen des Paradoxes umschließen. Wenn Sie Ihr Verlangen, aber auch Ihre Hingabe ausleben, werden Sie sich in einen süßen Frieden eingebettet fühlen.

Schauen Sie Ihren Problemen ins Auge

 In jeder erfolgreichen und erfüllten Partnerschaft gibt es Gegensätze (die zum Teil unvereinbar sind) und Unterschiede (von denen manche gewaltig sind), die nicht gelöst werden können, da sie geheimnisvoll und rätselhaft sind, und aus der Beziehung eine Meditation machen.

Wir leben die meiste Zeit über mit diesen Problemen, so als formten sie eine ständige Geräuschkulisse, vor der sich die Beziehung abspielt. Sie verfolgen uns als Schmerz, frustrieren uns als unerfüllte Bedürfnisse, piksen unser Bewußtsein als irritierende Geheimnisse und unausgesprochene Abneigungen. Unsere Beziehung wird ganz wesentlich davon beeinflußt, wie wir mit diesen Problemen umgehen. Wenn Sie sie mit sich allein ausmachen wollen (ganz gleich, ob es sich dabei um Unvollkommenheiten Ihres Partners oder Ihrer Beziehung handelt), werden Sie sich weder besser fühlen noch wird es dazu führen, den durch diese Probleme hervorgerufenen Abstand zu überbrücken.

Erst wenn Sie Ihren Problemen direkt ins Auge schauen und liebevoll von ihnen erzählen, wird es möglich, Veränderungen einzuleiten. Das heißt, daß Sie sich sogar noch tiefer in gefährliches Fahrwasser begeben, da sie Ihrem Partner nun all die Dinge mitteilen müssen, die Sie stören und irritieren.

Dazu müssen Sie sich selbst zunächst ehrlich eingestehen, um welche Dinge es sich dabei handelt: „Ich kann nicht akzeptieren, daß er wieder angefangen hat, zu rauchen. Es macht mir Angst. Ich habe das Gefühl, daß er sich umbringt." „Ich wünschte nur, sie würde ein spirituelles Leben führen. Es schmerzt mich, daß wir nicht gemeinsam beten können."

Nachdem Sie der Wahrheit ins Auge geblickt haben, halten Sie sie fest. Hängen Sie sie aber nicht gleich an die große Glocke, sondern schreiben Sie sie auf. Entscheiden Sie dann gemeinsam mit Ihrem Partner, wann Sie darüber reden wollen. Vielleicht möchten Sie diese Gespräche regelmäßig einmal in der Woche oder einmal im Monat führen, so daß sich nichts ansammeln kann; Sie können es aber auch immer dann tun, wenn sich Ihr Ärger aufgestaut hat.

Die Prozedur ist ziemlich einfach. Sie sagen: „Ich muß dir erzählen, was mir gegenwärtig Schwierigkeiten bereitet", und dann erzählen Sie ohne Wut oder Beurteilung, was Sie auf dem Herzen haben.

Ihr Partner, der Zuhörer, sollte darauf in etwa wie folgt antworten: „Danke, daß du mir das erzählt hast. Es tut mir leid, daß dir das Schwierigkeiten macht. Ich hoffe, daß wir diese Probleme im Laufe der Zeit überwinden können."

Bei diesem Ritual kommen beide Partner an die Reihe und legen offen, was ihnen schwerfällt, und reagieren auf die Probleme des anderen. Es geht aber nicht darum, zu versprechen, sein Verhalten zu ändern, sondern lediglich darum, die Probleme zu benennen, ihr Vorhandensein anzuerkennen und darauf zu vertrauen, daß die Partnerschaft stark genug ist, die Wahrheit zu ertragen. Wenn Sie fertig sind, beenden Sie das Ritual mit einem Kuß, und sagen Sie zu einander: „Ich liebe dich."

Begeben Sie sich auf die spirituelle Ebene

 Wir alle werden in unseren Beziehungen mit scheinbar ausweglosen Situationen konfrontiert, mit ständig wiederkehrenden Streitereien, hartnäckigen Charakterschwächen, störenden Angewohnheiten, die uns beinahe um den Verstand bringen. Wenn Sie sich in einer solchen Situation befinden, sind Sie wahrscheinlich böse und verbittert und wissen nicht mehr weiter. Ihr Verstand leiert all die vielen Beispiele herunter, in denen Ihnen Unrecht geschehen ist, in denen er oder sie Ihnen etwas Schreckliches angetan hat, und folgert daraus, daß Ihre Lage sowieso hoffnungslos ist.

In Wahrheit ist uns allen Unrecht zugefügt worden, und für jeden von uns ereignen sich immer wieder scheinbar unerträgliche Dinge. In jeder Beziehung existieren Teufelskreise, und ganz gleich, wie sehr wir „daran arbeiten" und darüber reden, wie sehr wir auch versuchen, eine Lösung zu finden, wir machen keine Fortschritte.

In solchen Zeiten können wir uns entweder sehr entmutigt fühlen oder aber anfangen, unsere Beziehung mit neuen Augen zu betrachten. Statt die Partnerschaft als etwas anzusehen, das all unsere Wünsche erfüllen sollte, können wir uns von der spirituellen Warte aus fragen, welche Aufgabe wir gerade lösen sollen.

Wenn Sie das Problem als Lektion betrachten, was könnten Sie dann daraus lernen? Wenn Sie es sich als eine vom Göttlichen verordnete Umleitung vorstellen, wovor könnte diese Sie bewahren? Wenn Sie es als Einladung sehen, sich in eine neue Richtung zu entwickeln, welche Richtung könnte das sein? Wenn Sie Ihre Beziehung von einer spirituellen Warte aus betrachten, können Sie alles, was in ihr geschieht, als eine Möglichkeit für spirituelles Wachstum erkennen.

Das liegt daran, daß in einer Beziehung alles zugleich auf der emotionalen und der spirituellen Ebene geschieht. Wenn Sie es lediglich von der psychologischen Warte aus betrachten, drehen Sie sich wahrscheinlich im Kreis. Aber wenn Sie ein Problem auf die spirituelle Ebene heben, es ins helle Licht der Wahrheit aufsteigen lassen, werden Sie – das versichere ich Ihnen – ganz andere Dinge wahrnehmen. Dann werden Sie die momentane Irritation nicht als Wiederholung des immer gleichen, hoffnungslosen Falles sehen, sondern erkennen, daß jedes Ereignis nur deshalb geschieht, um Ihren Horizont zu erweitern, Sie etwas zu lehren oder Ihren Charakter zu bilden. Statt sich selbst oder Ihrem Partner die Schuld für die Probleme zu geben, die in jeder Beziehung unweigerlich auftauchen, werden Sie erkennen, daß diese einem höheren Zweck dienen, nämlich der Entwicklung Ihrer Seele.

Auf der spirituellen Ebene erkennen wir Chancen, statt anderen Menschen Fehler und Schwächen vorzuwerfen. Wir sehen unsere Partner dann nicht mehr als Menschen, die uns die Erfüllung unserer Hoffnungen und Träume versagen, sondern als Helfer, deren spirituelle Aufgabe es ist, die Probleme zu verkörpern, die uns (durch die Auseinandersetzung mit ihnen) zu spiritueller Reife geführt haben. Das erleichtert die Auseinandersetzung mit dem Problem auch auf der emotionalen Ebene, da wir nun Mitgefühl verspüren und weder uns noch unseren Partner verurteilen. Dadurch wird unsere Partnerschaft sofort schöner, tiefer und rücksichtsvoller.

Schützen Sie Ihre Seele

Die Reise der Seele ist nicht immer nur die reine Freude; sie verläuft auch nicht immer im strahlenden Licht, da wir in diesem Leben in jedem Augenblick entscheiden müssen, in welche Richtung wir uns entwickeln wollen. So wie man sich beim Tanzen in jede erdenkliche Richtung bewegen kann – vorwärts und seitwärts, hoch in die Luft oder zur Erde fallend –, so wählen wir auch im Leben in jedem Augenblick und durch jede winzige Einzelheit unseres Verhaltens die Richtung, in die sich unsere Seele entwickelt.

Wenn ein Mann seine Frau umbringt und dann die juristischen Schlupflöcher nutzt, um einer Verurteilung zu entgehen, kommt er zwar mit einem Mord davon, verliert aber seine Seele. Er mag freigesprochen werden und in den Alltag zurückkehren, aber er wird nie wieder frei sein können. Er wird zu einem Menschen ohne Seele und zur Verkörperung der Lüge. Ganz gleich, wie viele Leute er von seiner angeblichen Unschuld überzeugt hat, im Licht der Wahrheit hat er sich bereits selbst verdammt. Und sollte er verrückterweise versuchen, sich selbst von seiner Unschuld zu überzeugen, so wird die Dunkelheit seine Seele verschlingen.

Es gibt im Leben keine neutralen Momente oder Handlungen. Alles, was wir tun, jede Handlung, jede noch so kleine Bewegung, jedes geäußerte Wort führt entweder zur Erleuchtung unserer Seele oder dazu, daß sie uns für immer verlorengeht.

Die vielen Möglichkeiten, die Seele auf die eine oder andere Weise zu verlieren, weisen auf die Krankheit einer

Gesellschaft hin, in der das Heilige seine Bedeutung verloren hat und die alles höher schätzt als das Spirituelle. Wir leben in einer spirituell verarmten Kultur und Zeit. Es besteht jederzeit die Möglichkeit, seine Seele zu verlieren. An jeder Straßenecke werden wir gedrängt, die Wahrheit zu „verschönern"; selbstsüchtig zu handeln; so zu tun, als hätten unsere Worte und Handlungen keinerlei Konsequenzen, als sei die materielle Welt die einzig mögliche und die spirituelle Welt die Ausgeburt einer krankhaften Phantasie.

In einer solchen Welt kämpft die Seele um ihr Überleben; in ihr kann ein Mensch seine Seele verlieren und von der ganzen Gesellschaft dabei unterstützt werden; aber eine solche Welt kann durch das Licht einer einzigen großen Seele, die ihre Integrität bewahrt hat, auch wahrhaft erhellt werden.

Die Schönheit der Liebe

Die Freuden der Liebe sind Schönheit
und Wahrheit,
die Schönheit der Liebe liegt in Freude
und Wahrheit.

Streben Sie nach Schönheit

 Schönheit ist strahlendes Licht. Schönheit ist helle, mystische Essenz; das einmalig schöne Gesicht; der eleganten Tanz, den wir nicht vergessen können; die Musik, die immer und immer wieder in unserem Herzen erklingt. Schönheit erfüllt; Schönheit fasziniert; Schönheit inspiriert und erleuchtet; Schönheit erhebt uns und belebt unsere Seele.

Schönheit ist sowohl in der materiellen als auch in der ätherischen Welt zu finden. Sie wird von unseren Sinnesorganen wahrgenommen ("Sie ist eine wunderschöne Frau") und von unserer spirituellen Feinfühligkeit ("Es war ein wunderschönes Erlebnis"), so daß beide Welten auf mystische Weise miteinander verbunden sind. Schönheit ist immer an eine Form gebunden, doch die Wahrnehmung von Schönheit ist ungeachtet ihrer Form immer eine transzendente Erfahrung. Schönheit hat die außergewöhnliche Eigenschaft, transzendent und immanent zu sein – jenseits der Welt und in ihr zu bestehen –, und deshalb streben wir alle nach ihr, wollen von ihr berührt werden und erkennen, daß wir ihr als Maßstab für alles, was für unsere Seele von Bedeutung ist, vertrauen können.

Schönheit bezaubert uns auch, weil es zu ihrem Wesen gehört, mehr zu verkörpern, eine höhere Ebene dessen zu repräsentieren, was wir gerade wahrnehmen. Weil das Schöne über allen Dingen schwebt, lädt es alles, was es umgibt, ein, auf seine Ebene emporzusteigen. Daher verführt uns ein schöner Augenblick dazu, das ganze Leben zu verschönern; verlockt die Schönheit des geschriebenen

Wortes uns, den eigenen Sprachschatz zu erweitern; trägt uns der Klang schöner Musik auf, uns der wundervollen Stille in unserem Herzen hinzugeben.

Wenn wir glückselige Erlebnisse in der Natur haben; wenn wir uns im ekstatischen Orgasmus verlieren oder eine überwältigende Freude erleben; wenn der Schleier gelüftet wird und wir den heiligen Zusammenhang des Lebens erblicken, erfahren wir Schönheit und erhalten einen Vorgeschmack auf unser wahres, ewiges Wesen.

Oftmals gehen wir eine Beziehung ein, weil sie etwas Schönes enthält („Sie sah so schön aus." „Er spielte wundervolle Musik, als ich das erste Mal seine Wohnung betrat." „Er hat ein wundervolles Herz." „Sie hat schöne Hände."). Diese Schönheit wird die Partnerschaft auf eine höhere Ebene heben. Große Schönheit ist sowohl ein Geschenk, das es anzunehmen gilt, als auch ein erstrebenswerter Zustand.

Erfüllen Sie Ihr Leben mit Schönheit. Segnen Sie Ihr Haus mit schönen Dingen, mit Gegenständen, Düften, Bewegungen, Momenten, Klängen und Gefühlen. Schön zubereitete Mahlzeiten heiligen den Körper; schöne Gedanken sind ein Fest für den Verstand; die schönen Künste und Musik sind ein Bankett für die Seele. Wir sollten nach Schönheit streben, uns ihr gegenüber empfänglich zeigen, sie kultivieren und uns mit ihr umgeben, denn in diesem Leben spiegelt die Schönheit unsere Seelen wider, und unsere Seelen werden auf ewig ein reiner Spiegel der Schönheit sein.

Erlernen Sie die Sprache der Intimität

 Angenommen, Sie wären schützend von vielen Lagen emotionaler Baumwollwattierung umgeben, dann repräsentiert Intimität das allmähliche Abstreifen dieser Polster, bis Sie nackt dastehen und alle Geheimnisse Ihres Herzens offenbart sind. Intimität entsteht, wenn wir aus der tiefsten Tiefe unseres Wesens kommunizieren. Je öfter wir auf diese Weise kommunizieren, desto seltener fühlen wir uns allein, da wir erkennen, daß wir im Grunde alle innig miteinander verbunden sind.

Intime Kommunikation ist eine ganz besondere Kunst. Sie verfügt über einen eigenen Stil und eine eigene Sprache. Kommunikation im Geschäftsleben befaßt sich mit Fakten und Statistiken; die Sprache des Vergnügens mit Plänen verschiedenster Art („In welchen Film gehen wir?" „Wo bekommen wir das beste Eis?"); intime Kommunikation hingegen entspringt unseren Gefühlen und benutzt eine Sprache, die zwangsläufig sehr persönlich ist: „Ich brauche, ich fühle, ich habe Angst; heute war für mich ein anstrengender Tag; ich liebe dich so sehr."

Kommunikation stellt besonders dann eine intensive Form der Intimität her, wenn die Worte, mit denen wir unsere tiefsten Gefühle ausdrücken, deutlich, machtvoll und schön sind. Wenn Sie Ihre Gefühle ausdrücken (im Gegensatz zu Ihren Meinungen und Ideen), erzeugen Sie Intimität, weil Sie Ihr wahres Selbst zeigen.

Sie werden die angemessenen Worte für Ihre Gefühle finden, wenn Sie nach innen schauen und sich fragen: „Was fühle ich?" „Was sollte ich jetzt sagen?" Und dann riskieren

Sie es einfach, die Antworten in Worte zu kleiden. Was Sie auch immer fühlen mögen – Hoffnung, Scham oder Unfähigkeit, Angst oder Schmerz –, ist es wert, ausgedrückt zu werden. Wenn Sie diese Dinge artikulieren, öffnen Sie ein Fenster zum empfindlichen, inneren Flur Ihres Wesens und laden den geliebten Menschen ein, sein Licht hineinscheinen zu lassen.

Solange wir es nicht wagen, von diesem Ort aus zu sprechen, bleibt unsere Beziehung oberflächlich und beschäftigt sich überwiegend damit, wer die Kinder von der Schule abholt oder weshalb der Küchenherd nicht funktioniert. Solange wir in unserer Kommunikation auf Nummer Sicher gehen, werden wir einander nie wirklich nahe sein und uns erkannt oder miteinander verbunden fühlen. Die Sprache der Intimität ist die Sprache des Risikos. Sie gehen Risiken ein, wenn Sie sich, Ihr Bewußtsein, Ihre Persönlichkeit und Ihre Gefühle – die großartigen ebenso wie die peinlichen, ekligen, unangenehmen – mitten ins Rampenlicht stellen.

Wenn Sie sich intime Kommunikation wünschen, wenn Sie Ihrem Partner emotional und spirituell nahe sein möchten, artikulieren Sie Ihre Gefühle. Tiefe Verbundenheit fällt nicht vom Himmel. Sie bedarf der Arbeit (Übung), der Anmut (die Worte zu sagen, die das Herz berühren) und der Risikobereitschaft (sich selbst zu offenbaren). Aber sie ist jede Mühe wert.

Seien Sie geduldig, sanft und freundlich

 Geduld ist eine stille Tugend; sie ist die Fähigkeit, ruhig darauf zu warten, daß sich etwas Bestimmtes manifestieren wird. Geduld ist Vertrauen; sie ist überzeugt, daß sich das, was Sie möchten, brauchen oder für die höchste Erfüllung Ihres Wesens, Ihrer Beziehung oder Ihres Lebens halten, allmählich und auf wunderbare Weise im Laufe der Zeit offenbaren wird. Auch die Geduld für einen anderen Menschen entspringt diesem ruhigen Geist, dem tiefen inneren Wissen, auf dem richtigen Weg zu sein und darauf zu vertrauen, daß der geliebte Mensch immer für uns da sein wird und daß er uns unter allen Umständen zur Seite stehen wird, daß er geduldig und still auf uns wartet.

Sanftheit ist eine zarte Tugend, die Sie auf den grazilen Schwingen der Seele leicht, anmutig und würdevoll durch alle Umstände hindurch zum geliebten Menschen trägt. Sie berühren den geliebten Menschen zärtlich, hören ihm vorurteilsfrei zu, fühlen mit ihm, sehen ihn mit den Augen des Mitgefühls. Sanftheit erleichtert vieles; sie macht den Weg anmutiger und eleganter, lindert den Schmerz, schwächt Schicksalsschläge ab und macht die Last des Lebens erträglicher.

Sanftheit kann sich überall ausdrücken; sie kann sich in unseren Worten und Bewegungen gegenüber den Menschen und Umständen zeigen, mit denen wir uns selbst gesegnet haben. Mit ihrer Hilfe gleiten wir durchs Leben, statt die Ellenbogen zu benutzen; wir sprechen auf gütige Weise, statt unseren Müll auf andere abzuladen; wir lassen uns Zeit, statt zu hetzen; wir schaffen einen Raum in unserem Herzen, in den ein Fremder eintreten oder sich ein wundervolles Ereignis ereignen kann.

Freundlichkeit ist eine süße Tugend. Sie tröstet, beruhigt und erneuert. Sie erinnert sich, bringt Farbe ins Leben und Decken, warme Hausschuhe und Blumen. Sie spricht Worte, ohne darum gebeten zu werden; macht Komplimente, die die Seele erheben; schenkt Umarmungen, die Körper und Geist nähren. Freundlichkeit ist sanft, sie geht auf den anderen Menschen zu: „Kann ich dir helfen?" „Kann ich etwas für dich tun?" „Das tut mir leid, ich hoffe, es wird bald besser werden." Freundlichkeit ist die unnötige Notwendigkeit, der frei gewährte Augenblick der Schönheit, der das Leben mit Hoffnung erfüllt.

Die emotionale Liebe kommt und geht wie Ebbe und Flut; sie ist von Umständen und Hormonen anhängig, daher muß die Liebe des Herzens und der Seele fortwährend genährt und gehegt werden. Geduld schafft Hoffnung für die Zukunft, Sanftheit, Anmut in der Gegenwart, und Freundlichkeit heilt die Wunden der Vergangenheit. Seien Sie geduldig, sanft und freundlich, dann wird Ihre Liebe wachsen und gedeihen.

Würdigen Sie Ihre kostbare Inkarnation

Unser Körper ist ein heiliges Gefäß; in jeder seiner Zellen sind die Erinnerungen, Träume und Erkenntnisse unseres gesamten irdischen Lebens gespeichert. Der Körper bildet die physische Grundlage unserer Existenz, und durch seine Gestalt und die Art und Weise, wie wir mit ihm umgehen, wie wir wachsen, uns verändern und uns heilen, verleihen wir dem Grundthema unseres Lebens Ausdruck.

Oft halten wir den Körper für etwas von uns Getrenntes, so als wäre der Verstand unser wahres Wesen und als zögen wir unseren Körper wie eine Art Holzspielzeug hinter uns her. In Wahrheit jedoch ist der Körper das Gefährt unserer menschlichen Erfahrung. Wir wissen nur deshalb, was wir fühlen, weil wir die Gefühle in unserem Körper wahrnehmen, und wir bleiben nur so lange im Bereich der menschlichen Erfahrung, wie unser Körper lebt. Unsere Körper sind keineswegs unwesentlich und von uns getrennt, sondern sind tatsächlich und auf ganz wundervolle Weise genau das, was wir wirklich sind.

Aus vielerlei Gründen – von denen die meisten etwas mit Schmerz zu tun haben – sind die meisten Menschen von ihrem Körper abgeschnitten. Daher leben wir in ihm, tun unsere Arbeit, folgen unserer persönlichen und spirituellen Bestimmung und teilen ihn in den nährenden Handlungen der Liebe mit dem geliebten Menschen – und können doch nicht die tiefe Erdverbundenheit spüren, die er uns vermitteln möchte.

Da vielen Menschen der Körper nicht „paßt", können sie durch ihn weder Gefahren wahrnehmen noch die Wahrheit erkennen oder Liebe fühlen. Statt ihn als Sitz absoluten Wissens und als unvergleichlichen Ratgeber in jeder Dimension unseres Wesens und bei jeder Handlung zu erfahren, sehen wir ihn meistens als anstrengendes, schwer zu wartendes Objekt („Ich muß abnehmen." „Ich sollte Sport treiben.") oder als verwöhntes Kind mit einem eigenen Kopf („Ich will aber Nachtisch essen!"), das wir von Zeit zu Zeit zu erziehen versuchen.

Wir haben unseren Verstand hervorragend geschult und gelernt, uns selbst zu motivieren. Das heißt, wir waren in den Dingen erfolgreich, die uns suggerieren, daß der Körper etwas von uns Getrenntes ist. Die Wahrheit über uns selbst liegt jedoch im Körper verborgen. Denn er ist nicht von uns getrennt, sondern beherbergt unser Wesen, ist Zelle für Zelle mit unserer Persönlichkeit verwoben und das Instrument der Liebesfähigkeit der Seele.

Denn die Liebe unserer Seele ist an den Körper gebunden. Sie durchströmt unser Herz und atmet in unseren Knochen. Um wahrhaft am Leben teilzuhaben, müssen wir zu diesem Wissen zurückkehren und es zu unserem Ausgangspunkt machen.

Kümmern Sie sich um Ihren Körper

Oft betrachten wir unseren Körper, als sei er unser Privatbesitz, und in gewisser Weise ist er das natürlich auch. Aber in einer Beziehung stellt der Körper auch die Verbindung zum geliebten Menschen dar. Hätten Sie keinen Körper, könnten Sie auf Erden nicht lieben, denn nur durch Ihren Körper, durch Ihre physische Präsenz kann sich der von Ihnen geliebte Mensch auf Sie einlassen. Schließlich bringen Sie Ihren Körper jeden Tag nach der Arbeit mit nach Hause, und es ist Ihr Körper, der nachts neben dem geliebten Menschen schläft. Sie müssen in den Spiegel schauen, um zu sehen, wie Sie eigentlich aussehen, aber Ihr Liebling sieht Sie ständig. Wenn Sie erschöpft oder deprimiert sind, wird Ihr Geliebter die Müdigkeit in Ihrem Gesicht sehen, und Ihre Liebste wird Ihr Wohlbefinden, Ihre Vitalität oder Ihre Freude an Ihrer Körperhaltung erkennen.

Daher ist es sehr wichtig, wie Sie Ihren Körper behandeln. Er kann ein Geschenk, eine Bereicherung, eine Freude, ein Fest für den geliebten Menschen sein, aber auch ein Problem, eine Last oder eine spirituelle Prüfung. So wie Ihre strahlende Gesundheit und Ihr Wohlbefinden dem geliebten Menschen den Tag versüßen und ihn inspirieren, so kann der Mißbrauch Ihres Körpers oder seine Vernachlässigung zu ernsten Problemen in der Beziehung führen.

Wenn Sie sich um Ihren Körper nicht angemessen kümmern, sagen Sie damit sich selbst und dem geliebten Menschen etwas ganz Bestimmtes, denn der Zustand Ihres Körpers drückt nicht nur aus, wie Sie sich fühlen, sondern auch, welche Form der Zuneigung Sie von Ihrem Liebling erwarten. Wenn Sie Ihren Körper durch Rauchen, übermäßiges Trinken, Arbeitswut, Zucker- oder Koffeinsucht schädigen, wie können Sie dann von Ihrer Herzallerliebsten erwarten, daß sie sich an Ihrem Körper erfreut und ihm die Liebe schenkt, die Sie sich selbst nicht geben können?

Wenn Sie Ihren Körper mit dem von Ihnen geliebten Menschen teilen, teilen Sie Ihr wahres Wesen. Ehren Sie Ihr Wesen, den höchsten menschlichen Ausdruck Ihrer verkörperten Seele, indem Sie Ihren Körper nähren, lieben und pflegen – für sich selbst und für Ihren Liebling.

Üben Sie sich in der Kunst
des Mitgefühls

 Mitgefühl ist die tiefste Form emotionaler Anteilnahme, die Sie für den geliebten Menschen verspüren können. In einer intimen Beziehung vermittelt es Ihnen die Gewißheit, verstanden zu werden und zu verstehen, anerkannt zu werden und anzuerkennen, und auf wundervolle und tiefe Weise miteinander verbunden zu sein.

Mitgefühl ist emotionales Engagement. Es bedeutet, daß Sie bereit sind, mit Ihrem Geliebten in seinem finsteren Tal zu kampieren und seine Gefühle mitzuempfinden; sich genauso betroffen zu fühlen wie Ihre Geliebte, sich mit ihr zu fürchten, zu trauern und zu wüten, als wären Sie selbst betroffen, so als fürchteten Sie sich selbst, als hätten Sie selbst einen Verlust erlitten oder als wären Sie selbst in Rage gebracht worden.

Mitgefühl ist nicht immer leicht. Von allen Formen gefühlsmäßiger Anteilnahme ist es wohl die schwierigste. Denn sich tatsächlich so sehr auf die Erfahrung eines anderen Menschen einzulassen, daß dieser Ihre Präsenz spüren kann, ist der höchste Ausdruck emotionaler Kultiviertheit. Dem geliebten Menschen am Ort seiner Ohnmacht oder Scham zu begegnen, setzt voraus, daß Sie diese Hölle selbst kennen.

Das warme Nest des Mitgefühls wird aus all den Gefühlen gebaut, die wir selbst schon einmal in Herz und Körper empfunden haben. Wenn Sie ein Gefühl noch nicht gespürt haben oder nicht bereit sind, es erneut zu spüren, so wird Ihr emotionales Aufnahmevermögen vage, halbherzig und matt sein. Ihr Mitgefühl wird höchstens ein schwacher Versuch sein, das entsprechende Gefühl nachzuempfinden, aber es wird keine wirklich mitfühlende Erfahrung sein.

Deshalb ist Mitgefühl schwere Arbeit. Zunächst müssen Sie Ihre „Hausaufgaben" machen und sich ganz tief auf Ihre eigenen Gefühle einlassen. Nur dann können Sie in Ihrem Lexikon der menschlichen Gefühle nachschlagen, denn Sie haben es selbst schon empfunden; Sie wissen, was es heißt, sich „so zu fühlen". Ihr eigener Körper ist der Bezugspunkt, Ihr Kopf weiß Bescheid, wie sich eine bestimmte Erfahrung „anfühlt". Weil Sie selbst schon „dort" waren, können Sie wirklich mitfühlen.

Leider wird Mitgefühl oft dadurch verhindert, daß wir uns davor fürchten, bestimmte Gefühle erneut wahrzunehmen, wenn der Partner dies braucht. Statt einfach zu fühlen, fürchten wir uns davor, von der bewußten Erinnerung an unsere eigenen schmerzhaften Gefühle überwältigt zu werden. Als Konsequenz fühlen wir nicht mit, sondern leugnen seine Gefühle („Ist doch gar nicht so schlimm."), bieten Lösungen an („Wenn du das so und so machst ..."), oder beschönigen die Situation („Du meinst, das sei schlimm? Ich will dir mal was wirklich Schlimmes erzählen ...").

Damit Sie mitfühlen können, müssen Sie Ihre eigenen Gefühle meistern. Das heißt nicht, daß Sie sie unter Kontrolle bringen sollen, sondern daß Sie ihnen gestatten, durch Sie hindurchzufließen. Dann können Sie anderen Menschen das kostbarste aller Gefühle schenken: Mitgefühl.

Entspannen Sie sich

 Das Leben ist schon schrecklich, langweilig, ernst und grausam genug, als daß Sie auch noch verklemmt, unerbittlich logisch, ständig perfekt organisiert, total verantwortungsbewußt und immer absolut pünktlich sein müßten. Entspannen Sie sich!

Ja sicher, werden Sie sagen, aber was ist mit den steigenden Zinsen, den Sozialabgaben, der Hundesteuer, dem Führerschein und der Kfz-Zulassung, der Einkommensteuer, der Zahnarztrechnung, der Klage vor Gericht, der Partnerschaftsberatung? Was machen wir mit den alternden Eltern und ihren Problemen, den Kindern im Teenageralter und ihren Schwierigkeiten, den zwei Millionen ungelösten Problemen, die aus der Kindheit übriggeblieben sind? Wo sind bloß die sauberen Hemden und die Autoschlüssel geblieben, und wie kommt dieser häßliche Fleck auf den neuen Teppichboden? Und und und.

Sie werden sich in diesem Leben immer um irgend etwas kümmern müssen. Und das wird Ihnen nie Freude bereiten. Immer wieder werden Sie Kleider von der Reinigung abholen, immer wieder Ihr Bankkonto ausgleichen müssen. Bevor, während oder nachdem Sie diese Sachen getan haben, werden Sie nicht besonders glücklich sein, da diese Dinge nicht mehr Licht in Ihr Leben bringen.

Es sind die angenehmen Dinge, die schönen Kleinigkeiten, die Ihnen Glückstränen in die Augen treiben, die Licht in ihr Leben bringen. Was würde Ihr Herz gerade jetzt hüpfen lassen? Welche schönen Dinge sind Ihnen vor zwei Stunden geschehen? *(Eine zu Herzen gehende Unterhaltung mit einer Fremden, deren Stimme wie die eines kleinen Vogels klang. Ich konnte ihren Mut spüren. Sie weinte ein wenig, sprach über ein Lied, das sie schreiben wollte. Es würde von ganz gewöhnlichen Dingen handeln, sagte sie, von der Liebe.)*

Oder gestern? *(Das Licht des späten Nachmittags war orangefarben und rahmte das Blau ein; die Abendluft war kühl; einen Augenblick lang waren Farbe und Temperatur eins.)*

Oder in den letzten fünf Jahren? *(Er liebt mich. Was für eine wunderbare Überraschung das ist. Ich hätte niemals gedacht ...)*

Die Dinge, die Ihre Seele auf so schöne Weise berühren, die Sie zum Tanzen und Ihr Herz zum Strahlen bringen, sind keine Verpflichtungen. Sie sind närrisch und unbezahlbar und verrückt und frei. Entspannen Sie sich!

Nähren Sie Ihr Herz und Ihre Seele

 Wenn wir uns zu sehr mit der materiellen Welt identifizieren, verlieren wir allzu leicht unser kostbares Herz und unsere Seele aus den Augen und beginnen zu glauben, daß uns materielle Objekte und Besitztümer glücklich machen. In Wahrheit jedoch machen uns nicht Dinge glücklich, sondern Erfahrungen; diese uns tief bewegenden Momente und Gefühle, die uns mit unserem wirklichen Selbst verbinden. Herauszufinden, welche Erfahrungen das sind, ist schon wunderbar, aber diesen Prozeß mit dem geliebten Menschen zu erleben, gehört zu den größten Freuden einer Partnerschaft.

Damit Sie Ihr Herz und Ihre Seele nähren können, müssen Sie zunächst einmal verstehen, daß beide Nahrung brauchen. Und wenn Sie das verstanden haben, müssen Sie Zeit für Dinge, Erfahrungen und Menschen finden, die Sie auf dieser tiefen Ebene nähren.

Das Herz wird von süßer, persönlicher Liebe genährt; vom endlosen, zärtlichen Spiel der Gefühle, die uns erfüllen und verzaubern; vom Gefühl, begehrt zu werden, von ihr vor allen anderen auserkoren worden zu sein; vom Gefühl, von ihm als einzigartig, unersetzlich, kostbar und außergewöhnlich angesehen zu werden. Die Liebe des Herzens wird durch romantische Stunden erweckt, durch schöne Geschenke, zärtliche Worte und liebevolle Berührungen, durch wundervolle Abende und süße Nachmittage, durch elegante Momente berauschender Leidenschaft.

Nahrung für die Seele ist schwieriger zu finden. Sie wird durch das Mysterium genährt, durch Schönheit, durch

Erfahrungen und Dinge, die mit dem Ewigen verbunden sind, durch herrliche Musik, Farben, den Duft der Rosen; durch Berge, grüne Wiesen, Bäume und Flüsse, die mit uns durch unsere Erinnerung verbunden sind. Diese Dinge waren immer da, aber es liegt an der Art, wie wir uns in erhabenen Momenten von ihnen berühren lassen, wie wir es zulassen, daß sie zu unserer Seele von ungesehenen Welten und ungehörten Klängen, von einer nie gefühlten oder auch nur erahnten Glückseligkeit spricht. Wenn wir durch die Maschen im Netz unseres alltäglichen Lebens in diese bodenlose Tiefe fallen, in der uns diese Erfahrungen offenbart werden, durchschauen wir – und sei es nur für einen Moment – die Illusion, das uns bekannte Leben sei alles, was es gibt.

Wir alle kennen solche Momente. Manchmal werden sie uns geschenkt und ereignen sich unerwartet, ein andermal müssen wir uns bewußt um sie bemühen. Aber unabhängig davon, wie solche Augenblicke zu uns kommen, spüren wir sofort, wie unermeßlich nährend sie für uns sind. Das hungrige Herz kann keine Liebe geben, und die unterernährte Seele kann sich ihre Göttlichkeit weder vorstellen noch sich an sie erinnern. Wir können erst dann wirklich lieben, wenn unser Herz und unsere Seele genährt worden sind.

Suchen Sie Erfahrungen, die Ihr Herz und Ihre Seele nähren. Tauchen Sie allein und mit dem geliebten Menschen in sie ein. Nähren Sie Ihr Herz und Ihre Seele – jeder für sich und miteinander.

Nehmen Sie Rücksicht auf Ihren Schatz

 Niemand ist eine Insel, ganz besonders nicht in einer intimen Beziehung. Jedes Ihrer Worte, jede Handlung und Gewohnheit, Ihr bewußtes und auch Ihr unbewußtes Verhalten beeinflussen Ihren Schatz. Wenn Sie einen Stein in den Teich Ihrer Liebe werfen, ziehen die Wellen weite Kreise.

Daher ist es immer wichtig, Rücksicht auf den geliebten Menschen zu nehmen. Rücksichtnahme zeugt von emotionaler Großzügigkeit, da Sie Ihren Schatz auf eine Weise in Ihre Wirklichkeit mit einschließen, die ihn spüren läßt, daß er aufgehoben und angenommen ist. Seien Sie sich der Tatsache bewußt, daß Ihre Pläne Konsequenzen für Ihren Partner haben („Ich möchte gerne nach Wien ziehen, weil ich dort einen guten Job kriegen kann." „Ich werde um fünf Uhr aufstehen, um zu joggen." „Wenn deine Mutter das nächste Mal kommt, werde ich ihr einmal so richtig meine Meinung sagen.") Aber wird es ihr in Österreich gefallen? Wird er aufwachen und nicht mehr einschlafen können, wenn Sie so früh aus den Federn springen? Wird der Waffenstillstand mit seiner Mutter zerbrechen, wenn Sie ihr erzählen, was Sie wirklich von ihr halten?

Rücksicht auf den geliebten Menschen zu nehmen heißt, daran zu denken, daß auch er eine Meinung über die Dinge hat, die durch Ihre Entscheidung beeinflußt werden. Es heißt aber nicht, daß Sie Ihre Bedürfnisse aufgeben oder Ihre Pläne ändern, oder daß Sie die Wünsche des geliebten Menschen so sehr berücksichtigen, daß Sie Ihre eigenen aufgeben („Die Party wird ihm nicht gefallen, also gehe ich nicht hin."). Es bedeutet lediglich, daß Sie sich immer daran erinnern, daß der von Ihnen geliebte Mensch auch beteiligt ist.

Rücksicht auf den Geliebten zu nehmen heißt vor allen Dingen, sich zu vergegenwärtigen, daß alle Menschen in ihrer eigenen Wirklichkeit leben. Sie sind weder der König noch die Königin der Welt; was gut für Sie ist, braucht nicht auch für andere Menschen gut zu sein. Es bedeutet auch, daß Sie Ihren Liebling fragen, nachdem Sie durch Ihren eigenen Wandlungsprozeß gegangen sind (oder noch besser, während Sie ihn durchleben) oder Ihre Pläne gemacht haben: „Meinst du, du könntest dich an Wien gewöhnen?" „Glaubst du, du kannst wieder einschlafen, wenn ich so früh aufstehe?" „Es ist für dich sicher auch nicht leicht, daß ich mich mit deiner Mutter nicht verstehe, oder?"

Rücksichtnahme ist eine sehr feine Form der Liebe und entspringt einem stillen Herzen. Rücksichtnahme ist anders als die großen Gesten der Liebe (der Brillantring, die vier Dutzend rote Rosen) oder die grandiosen Opfer aus Liebe (ihre Niere, die sein Leben rettete) der stille Strom bewußter Fürsorge, die uns miteinander verbindet. Rücksichtnahme ist das Versprechen, daß Sie unter allen Umständen an das Wohlergehen des geliebten Menschen denken und die schützenden Schwingen Ihrer Liebe über ihn ausbreiten werden.

Kuscheln Sie

Das Leben ist nicht besonders gemütlich. Der kindliche Teil, der in uns allen lebt, möchte umarmt werden und sich ankuscheln, möchte sich anschmiegen und geküßt werden, sanft und zärtlich gehalten werden.

Kuscheln nährt Körper und Seele, und jeder von uns hat ein riesiges Verlangen danach. Es gehört zu den größten Bedürfnissen des Menschen, berührt und umarmt, gemeint, gewollt und umhegt zu werden; die Haut – jenes seidige Wunder, das unser Wesen umhüllt – gestreichelt zu bekommen. Es stammt noch aus der Kindheit, in der wohl keiner von uns genügend gekost und umarmt, geküßt und liebevoll berührt wurde, in der keiner von uns genügend kuscheln konnte. Wir wollten warm, sicher und gemütlich an Mutters Brust liegen, wollten von Vaters starken Armen in die Luft geworfen werden – aber es geschah nicht häufig genug. Wir haben nicht oft genug auf einem Schoß gesessen, unser Rücken wurde nicht oft genug gekratzt, der Bauch nicht genügend gerieben, die Füße nicht häufig genug gekitzelt, unsere Locken nicht oft genug gebürstet, der Nacken nicht ausreichend geküßt.

Darum möchten wir heute kuscheln. Wir brauchen die gigantische Umarmung, das nie endende Aneinanderschmiegen. Wir wollen uns geschützt und wohl fühlen, wollen uns genährt und geliebt wissen, wollen wirklich spüren, daß unser Leben mehr ist als nur Pflicht und Arbeit. Wir wollen glauben, daß es kein schlechter Witz ist, einen Körper in einer Welt voller Körper zu haben. Wir brauchen es so sehr, uns anzuschmiegen, daß unser Herz sonst anfängt zu schreien und seine Verzweiflung durch Tränen, Eß- oder Alkoholprobleme, zuviel Fernsehen, Angst und Depression ausdrückt. In Wahrheit hungern wir alle – jeder einzelne von uns – nach Berührung.

Auf dem Sofa, im Bett, auf der Straße, in der Küche, im Auto und am Strand, in Aufzügen und Flugzeugen, in Restaurants und U-Bahnen, in Kinos und den langen Schlangen vor Bankschaltern zu kuscheln und sich an den geliebten Menschen zu schmiegen ist eine uneingeschränkte Freude, die ein gigantisches menschliches Bedürfnis befriedigt.

Kuscheln ist niemals Ersatz für etwas anderes, weder für Sex noch für ein tiefes Gespräch, weder für die Disco noch für den Badeausflug oder das Fußballspiel. Kuscheln ist wundervoll, hilfreich, heilsam, phantastisch, entzückend, beruhigend, kuschelig und einfach prima. Kuscheln Sie!

Wählen Sie den richtigen Moment

 Das mystische Element einer jeden Beziehung liegt in der Bestimmung des richtigen Zeitpunktes, des einzig möglichen Augenblicks, dem magischen Zusammentreffen von Ereignissen, der perfekt koordinierten Begegnung zweier Menschen in vollkommener Harmonie.

Beziehungen und jedes Ereignis, jede Handlung und jedes Verhalten haben das für sie jeweils richtige, einzigartige und perfekte Timing. So wie der ideale Partner erst dann auftaucht, wenn Sie die Hoffnung, sich jemals wieder zu verlieben, schon aufgegeben haben, so gibt es auch im heiligen Reich der Beziehung für alles den richtigen Moment, existiert eine Choreographie stimmiger Augenblicke, die die Segnungen Ihrer Beziehung entweder fördern oder behindern.

Im richtigen Timing spiegeln sich zahllose Dinge wider, zum Beispiel unsere Vergangenheit („Ich kann nicht sofort nach dem Essen abwaschen, weil meine Mutter das zwanghaft machte, noch bevor wir Nachtisch gegessen hatten."), unsere innere Uhr („Ich bin ein Morgenmuffel."), unsere Art, mit der Wirklichkeit umzugehen („Ich werde es niemals verstehen, daß du stundenlang um den heißen Brei redest. Sag einfach, was du willst, dann laß mich einen Moment spazieren gehen, und wenn ich wieder da bin, bekommst du eine Antwort."), unsere Empfindlichkeiten („Ich kann nur einen Vorwurf zur Zeit ertragen. Mein Vater las mir nämlich jeden Samstag eine Liste all meiner Fehltritte der vergangenen Woche vor.") und unsere ganz persönlichen Angewohnheiten („Ich weiß auch nicht wieso, aber ich wache jeden Morgen um vier Uhr auf.").

Für den richtigen Moment, die angemessene Zeitspanne oder für die passenden Umstände sensibel zu sein, erfordert Aufmerksamkeit. Diese geht von der intuitiven Annahme aus, daß es für alles den richtigen Moment gibt. Das gilt für das Aussprechen bestimmter Worte und die Initiative zum Sex ebenso wie für das Überreichen eines Geschenks oder das Äußern eines Vorwurfs. Den richtigen Moment zu finden heißt zunächst, sich seiner eigenen Empfindungen für den passenden Zeitpunkt bewußt zu werden, für den Rückzug ins Private, fürs Zusammensein, für den Umgang mit Konflikten, für Sex, für Ihren Anteil an der gemeinsamen Arbeit. Es heißt auch, Ihrem Partner Ihre Bedürfnisse und Wünsche mitzuteilen und sich seiner möglicherweise völlig anderen Rhythmen bewußt zu sein. Man kann sich ebenso darüber verständigen, was den richtigen Zeitpunkt ausmacht, wie darüber, wer im Restaurant bezahlt.

Sensibilität für den richtigen Moment versüßt jede Beziehung. Wenn Sie diese Fähigkeit nicht kultivieren, werden Sie sich an den Unterschieden in Ihren Rhythmen immer wieder den Kopf einrennen, das emotional beladene Wort im falschen Augenblick aussprechen oder sich irgendwie ausgenutzt fühlen. Wenn Sie es hingegen lernen, den richtigen Moment für die liebevollen Worte oder das Überreichen des Brillantrings zu finden, werden Sie Ihre Beziehung in einen wunderbar choreographierten Tanz der Liebe verwandeln.

Entdecken Sie die Harmonie wieder

 Harmonie ist die spirituelle Schönheit einer jeder intimen Beziehung. Sie ist die anmutige Gemeinsamkeit, die friedvolle Übereinstimmung und die gleiche Wellenlänge. Wer mit seinem Partner harmoniert, weiß, daß er dieselbe Sicht der Dinge teilt; daß das, was er sich vom Leben erhofft, den Wünschen des Partners ähnelt. Harmonie heißt, den geliebten Menschen anzuschauen und zu wissen: „Wir schätzen die gleichen Dinge. Wir haben es nicht immer leicht miteinander, aber wir teilen doch dieselben Grundwerte."

Harmonie in einer Beziehung ist ein Geschenk der Seele. Sie ist die mystische Gleichheit des Wesens, die es Ihnen – gemeinsam und allein – erlaubt, aus der gleichen Quelle der Sicherheit zu schöpfen und zu wissen, daß zwischen Ihnen beiden eine heilige Resonanz vorherrscht. In gewissem Sinne haben Sie sich ja auch deswegen erwählt, denn würde nicht schon von vornherein eine gewisse Harmonie zwischen Ihnen beiden existieren, hätten Sie ja einander nicht gefunden und eine Beziehung aufgebaut.

Man kann Harmonie spüren, denn sie verleiht allen Handlungen Anmut; sie drückt sich darin aus, wie jemand arbeitet, die Kinder erzieht, sich im Alltag verhält, mit Konflikten umgeht und was er als Bestimmung seines Lebens ansieht.

Leider rüttelt das Leben bisweilen an der Harmonie unserer Beziehungen. Zu viele Forderungen unterschiedlichster Art können die Grundlage jeder harmonischen Einheit untergraben. Termine, Kinder, unerwartete kleine Attacken anderer Menschen können uns manchmal das Gefühl geben, es sei keine Harmonie mehr vorhanden.

Liebevolle Gedanken hingegen nähren die Harmonie und stellen sie wieder her, wenn sie einmal verlorengegangen ist. Wenn das Gleichgewicht und die Harmonie in Ihrer Partnerschaft gestört sind, sollten Sie sich die folgenden Fragen stellen:

„Wenn es ausgestanden ist, wenn die Kinder im Bett sind und wenn der Streit vorüber ist, ist unser gemeinsames Leben dann so harmonisch, daß ich dankbar bin, daß es meinen Partner gibt? Inwiefern ergänzen und spiegeln wir uns wider; in welchem Maße gleichen wir einander aus? Welche Dinge tun wir gerne und lustvoll zusammen? Welchen höheren Sinn erfüllt unsere Beziehung, und was ist unser gemeinsames Ziel?"

Wenn es Ihnen schwerfällt, diese Fragen zu beantworten, schauen Sie sich genau an, durch was die Harmonie Ihrer Beziehung gestört wird. Läßt sich das ändern? Hängt es mit den Umständen zusammen (weil Ihre Frau zum Beispiel einen Monat lang unterwegs war), oder ist es ein emotionales Problem, mit dem Sie sich beschäftigen müssen? Was könnten Sie jetzt sagen oder tun? Worin würde ein erster Schritt zur Wiederherstellung der Harmonie bestehen?

Harmonie ist das spirituelle Gleichgewicht in jeder guten Beziehung. Seien Sie für die schon vorhandene Harmonie dankbar; stellen Sie sie dort her, wo sie fehlt; nähren Sie sie dort, wo sie besteht.

Achten Sie sich selbst

Als Seele treten wir im Augenblick der Geburt aus dem zeitlos Ewigen hervor und tauchen in die begrenzten Momente des Menschenlebens ein. In diesem Augenblick und in allen erstaunlichen Aspekten des irdischen Lebens werden wir sowohl zu Agenten als auch zu Empfängern des Geschenks der Persönlichkeit, jener riesigen, unterhaltsamen, einzigartigen und frustrierenden Palette an Eigenschaften und Einstellungen, Vorurteilen und Möglichkeiten, aus denen wir das Bild unseres individuellen Lebens malen. Kein Mensch gleicht einem anderen aufs Haar, und ganz gleich, wie sehr Sie sich mit einem anderen Menschen austauschen mögen, von ihm beeinflußt werden oder sich mit ihm verbunden fühlen, können nur Sie selbst Sie sein.

Es ist ein Vergnügen und ein Privileg, der zu sein, der Sie sind. Schon die Tatsache der Geburt ist bereits ein Kompliment. Die Chance des Lebens bekommen zu haben und so zu fühlen, zu sehen und zu leben, wie Sie es wollen, ist eine einmalige Chance, die so nie wieder kommt.

Wir vergessen das nur zu leicht. Wir lassen uns hängen, fühlen uns eingeengt und allein gelassen, mögen uns selber nicht, sind nicht glücklich über unser Dasein und setzen uns selber herab. Aber die Schönheit des Lebens besteht darin, Ihr eigenes Selbst zu sein und Ihre Einzigartigkeit zu leben, und wenn Sie Ihre Einmaligkeit ignorieren oder vergessen, sie zu zelebrieren, dann beleidigen Sie damit jenes Bewußtsein, das Ihnen das Leben geschenkt hat.

Wenn Sie selbst, der Sie leben, atmen, leiden und die vielen einmaligen Erfahrungen machen, die nur Sie machen können, nicht fähig sind, dieses Geschenk zu würdigen, wer sollte es dann tun? Sich selbst zu achten, ist Ihre Aufgabe. Das kann niemand sonst. Niemand sonst wüßte wie oder hätte die entsprechende Erfahrung. Und niemand sonst sollte es tun müssen, denn Selbstachtung ist Ihre wichtigste Aufgabe und bildet die Grundlage einer liebevollen Anerkennung, die ganz von selbst die Fähigkeit hervorbringt, auch andere zu achten. Sich selbst zu achten, heißt, sich selbst zu kennen und deshalb wirklich zu schätzen, und Ihre Liebe wird niemals in ihrer ganzen Fülle erblühen können, solange Sie nicht gelernt haben, sich wahrhaft selbst zu achten.

Sich selbst zu achten bedeutet, sich anzuerkennen, sich zu lieben und sich um sich selbst zu kümmern. Es bedeutet, daß Sie – vor allen anderen Menschen dieser Welt – sich selbst feiern: Ihre Tiefe, Ihre Empfindsamkeit, Ihre wie auch immer geartete Weisheit, Ihre unterschiedlichen Talente, den geheimnisvollen, wundervollen Verlauf Ihrer eigenen Geschichte, Ihre innere Schönheit, Ihren Körper; Ihre emotionalen, körperlichen und spirituellen Stärken, Ihren Scharfsinn, Ihren Humor, Ihre Intelligenz – alles, was Sie je gewesen sind, jetzt sind und noch sein werden.

Achten Sie sich selbst. Aus dieser bewußt liebevollen Akzeptanz für alles, was Sie sind, wird die Liebe entstehen, die Sie anderen schenken können. Achten Sie sich selbst!

Lassen Sie alles los

Wenn Sie zu zweifeln beginnen, sollten Sie loslassen und nachgeben. Wenn Sie von Erwartungen, Enttäuschungen oder Schmerzen geplagt werden; wenn Sie verwirrt, ungeduldig oder ängstlich sind; wenn Sie nicht mehr wissen, was Sie tun sollen; wenn Sie die Kontrolle verlieren, sollten Sie loslassen. Lassen Sie los. Lassen Sie los! LASSEN SIE LOS!

Loslassen ist emotionale und spirituelle Hingabe. Es heißt, willig aus dem Rettungsboot Ihrer Voreingenommenheit zu springen und sich auf das Risiko einzulassen, im Ozean des „Alles-ist-möglich" zu schwimmen. Es bedeutet, daß Sie, wenn sich Ihre Vorstellung von der Wirklichkeit als Hirngespinst entpuppt hat, sie willig loslassen, weil Sie instinktiv verstehen, daß Hingabe ein kreativer Zustand ist.

Es ist schwer, loszulassen und ohne Form und Ziel zu leben. Uns wurde ein Leben lang beigebracht, festzuhalten, unser Schicksal zu meistern und es selbst in die Hand zu nehmen. Loslassen ist nicht immer angenehm, da bei der Erwähnung des Wortes von Faulheit bis hin zum völligen Verlust der Kontrolle viele Assoziationen geweckt werden. Es ist nicht etwas, das „man tut".

Aber Loslassen erfordert in Wirklichkeit einen ganz besonderen Mut. Loslassen ist Verletzlichkeit der höchsten Ordnung, ein Leeren des Selbst von dem Müll und dem Lärm unserer vielen Ideen, Einstellungen, Absichten und Pläne. Wenn Sie auf diese Weise geleert sind, werden Sie zu einem Gefäß, das gefüllt werden kann. In dieser Leere kann

Daphne Rose Kingma

so viel geschehen, in diesem Vakuum kann sich alles ereignen: atemberaubende Transformationen, Richtungsänderungen, erstaunliche Wunder; Liebe tritt zutage, ein spiritueller Neubeginn findet statt ... Aber nur, wenn Sie bereit sind, alles loszulassen. Der Baum, der seine bunten Blätter im Herbst fallen läßt; der Trapezkünstler, der durch die Luft fliegt; der Taucher, der sich auf den Boden des Meeres sinken läßt – sie alle haben ohne Vorbehalte und von ganzem Herzen losgelassen.

Wenn Sie loslassen, öffnen Sie sich der Macht der Leere. Sie leben im festen Vertrauen, daß diese Leere zugleich die vollkommene Erfüllung und der perfekte Anfang ist. Lassen Sie los. Und denken Sie daran: Sollten Sie sich auch nur an einem winzigen Zipfel Ihrer bisherigen Realität festhalten oder versuchen, einen Handel mit den Göttern zu machen („Ich lasse los, wenn ..."), dann kann nichts Neues – oder Wunderbares – geschehen.

Dienen Sie auf liebevolle Weise

Wenn wir an Liebe denken, denken wir meistens daran, was sie für uns tun kann, und stellen uns vor, daß all unsere Träume wahr werden, wenn wir uns verlieben. Wir wünschen uns so sehr, daß unsere Gefühle endlich anerkannt und unsere Bedürfnisse erfüllt werden und unser Partner auf unsere Unsicherheit eingeht, daß wir uns nicht vorstellen können, daß Liebe Dienst am Nächsten sein kann.

Wir sind so sehr in der Vorstellung der Liebe als einer „Was-habe-ich-davon?"-Erfahrung gefangen, daß uns die Idee, einander zu dienen, unangenehm ist. Auf einer tieferen Ebene befällt uns die Angst, daß wir durch den Dienst am anderen unser Selbstgefühl verlieren, an dem wir so hart gearbeitet haben. Aber in ihrer reinsten Form dient die Liebe; sie dient dem anderen Menschen von ganzem Herzen. Und dieses Dienen ist so erfüllend, daß Sie überhaupt nicht das Gefühl haben, zu dienen, sondern im Akt des Dienens die höchste Glückseligkeit finden.

Die meisten Menschen brauchen einfach nur ein wenig Übung, um die Liebe auf diese Weise zu begreifen. Viele von uns wissen nicht, wie man dient oder was wahrer Dienst am anderen überhaupt sein könnte, und wir haben anderen Menschen noch nicht auf eine Weise gedient, die sich ganz natürlich, angenehm und mühelos in unser Leben einfügt. In Wahrheit dienen wir jedoch bereits auf die eine oder andere Art und Weise. Wer Kinder hat, weiß das. Wenn Sie sich um einen behinderten Nachbarn oder um Ihre gebrechlichen Eltern gekümmert haben, haben Sie bereits in

Liebe gedient. Wenn Sie den gebrochenen Flügel eines Vogels verbunden oder einem Obdachlosen Geld gegeben haben, einen Fremden vor dem Ertrinken gerettet haben oder in der U-Bahn für einen anderen Menschen aufgestanden sind, haben Sie in Liebe gedient. Diese Akte sind Keimzellen des Dienens; sie stellen Augenblicke dar, in denen sich Ihr Herz geöffnet hat. Sollten Sie sich jedoch entscheiden, Ihren Dienst am Nächsten zu einem riesigen, schützenden Baum werden zu lassen, so werden Sie viele Gelegenheiten bekommen, das Geschenk wahren Dienens reifen zu lassen.

Fragen Sie sich zunächst folgendes: Was heißt es, zu dienen? Auf welche Weise könnte ich dienen? Wie kann ich mein Dienen so entwickeln, daß es wahrhaftig zu einem Geschenk der Liebe wird?

Liebevoll zu dienen heißt, die eigenen Bedürfnisse, Wünsche und Prioritäten vorübergehend als zweitrangig zu betrachten und die Bedürfnisse eines anderen Menschen derart strahlend, lebendig und kraftvoll werden zu lassen, daß sich – und sei es nur für einen Moment – Ihre eigenen auflösen. Dieser wunderbare Augenblick ist Liebe, und je mehr wir das Dienen praktizieren, desto mehr Liebe erschaffen wir. Denn wenn wir einander dienen, dienen wir auch der Sache der Liebe.

Finden Sie den Punkt der Erlösung

 Der Punkt der Erlösung ist jener kostbare Augenblick in einer persönlichen Begegnung oder Erfahrung, in dem sich auflöst, was uns beschäftigte, verletzte oder gefangen hielt und wir frei werden, uns auf die nächste Ebene unserer Entfaltung zu begeben.

Es ist nicht immer leicht, den Punkt der Erlösung zu erreichen. Ob es sich nun um einen schlimmen, immer wiederkehrenden, scheinbar unlösbaren Streit handelt oder um den verhaßten Job, das nagende Gefühl der Unsicherheit, eine irritierende Eigenschaft (seine Unpünktlichkeit, ihr lautes Lachen), das vage Gefühl der Entfremdung, das jeder von uns in unserer sich rapide ändernden Welt spürt; im Grunde wünschen wir uns, daß Konflikte – welcher Art auch immer – auf magische Weise von uns genommen werden. Wir wollen zwar den Punkt der Erlösung erreichen, sind aber meistens nicht bereit, den Preis dafür zahlen. Und der besteht einfach darin, einem Problem nicht aus dem Weg zu gehen, sondern ihm in die Augen zu schauen.

Damit wir an dem Punkt ankommen, an dem wir sagen können „Nun liegt das Schlimmste hinter mir. Ich habe es geschafft!", müssen wir bereit sein, emotional notfalls noch auf allen Vieren auf unsere Bestimmung zuzukriechen. In der Beziehung bedeutet das, auch bereit zu sein, sich zu streiten (auch wenn Sie Angst vor Ihrer eigenen Wut haben), eine Diskussion zu beginnen (auch wenn Sie sich dabei dumm vorkommen), Ihre Bedürfnisse zu artikulieren (auch wenn er nicht in der Lage ist, Ihnen zu geben, was Sie brauchen) oder zu verhandeln (auch wenn es Ihnen noch nie gelungen ist, auf diese Weise zu einer Lösung zu kommen).

Erst, wenn Sie durch alles hindurchgegangen sind und gesagt haben, was so schwierig zu sagen war; die scheinbar unmögliche Entscheidung getroffen haben; den Kampf gekämpft haben, von dem Sie glaubten, daß er die Beziehung zerstören würde; das anscheinend unerfüllbare Bedürfnis geäußert haben, dann erreichen Sie den Punkt der Erlösung. Auf geradezu mystische Weise finden Sie, wenn Sie nicht mehr daran glauben, daß es einen solchen Punkt überhaupt gibt, eine Lösung, die nur wenige Augenblicke zuvor noch völlig unmöglich schien.

Es erfordert Mut, Übung und Wollen, an diesen Punkt zu gelangen. Aber es ist der Mühe wert. Beginnen Sie damit, sich selbst zu versichern, daß es diesen Punkt wirklich gibt, und tun Sie dann alles, was nötig ist, um ihn zu erreichen. Ganz gleich, welche Hindernisse Sie überwinden oder durch welche Mauern Sie gehen müssen, irgendwann werden Sie siegreich, erleichtert und verwandelt ankommen ... am Punkt der Erlösung.

Zelebrieren Sie das „Wir"
Ihrer Beziehung

 Wir streben nach Beziehung, weil das eigene „Ich" im „Wir" einer Einheit klarere Konturen annimmt. Irgendwie wissen wir auf intuitive Weise, daß die Liebe mehr aus uns machen wird, als wir jemals aus eigener Kraft sein könnten. Also verlieben wir uns Hals über Kopf, geben uns dem Charme des geliebten Menschen hin und unterwerfen uns dem Geheimnis der Vereinigung.

Und auf einmal ändert sich alles. In jeder Handlung, sei es ein Kuß, ein Gespräch, die Einkommensteuererklärung oder beim Sex, berücksichtigen Sie nicht nur den von Ihnen geliebten Menschen, sondern auch die Partnerschaft. Denn wenn Sie sich verlieben, wird ein neues spirituelles Wesen geboren, das „wir" oder „uns" heißt. Und obwohl es unsichtbar ist, ist es dennoch äußerst lebendig, lebhaft, kraftvoll und einzigartig, und es ist ständig als eine besondere, subtile Energie spürbar. Wenn Sie mit dem geliebten Partner zusammen sind und kein anderer Mensch in der Nähe ist, können Sie es im geheimnisvollen Spiel Ihrer beiden Energien wahrnehmen. Sie können es an den Reaktionen anderer Menschen erkennen, wenn Sie sich der Welt zeigen und Hand in Hand einen Raum betreten. Es ist die Mischung aus Ideen und Standpunkten, die Sie als Paar verkörpern, und die Freude, die Sie den Menschen Ihrer Umgebung schenken. Es ist weder die Summe der beiden Partner noch die Verleugnung von einem von ihnen. Es ist eine mystische Interaktion, die eine höhere Identität erschafft, in der eins plus eins drei ergeben.

Dieses Wesen (die Beziehung; die Verkörperung von Gegensätzen, die sich anziehen und vereinigen; Fremde am

Daphne Rose Kingma

gleichen Herd; Liebende, die unter dem Sternenzelt gemeinsam den Tag verabschieden) meinen wir, wenn wir von uns als einem „Paar" sprechen, von „Herr und Frau", von „meinem Liebling und mir", von „wir" und „uns". („Wir fanden die Party ganz toll." „Es war etwas ganz Besonderes für uns, in die USA zu reisen.") Aber dieses Wesen muß, wie alle anderen Wesen auch, genährt werden.

Wenn Sie Ihre Partnerschaft ehren und ihr in der Öffentlichkeit Bewunderung zollen, wenn Sie Ihre sexuelle Beziehung als heilige Verbindung betrachten, wenn Sie in Krisenzeiten zueinanderhalten, stärken Sie die Kraft Ihrer Vereinigung. Dann nähren Sie das „Wir" als ein Wesen, das Ihnen wertvoll ist, zelebrieren seine einzigartige, unwiederholbare Identität und weben die Decke der Liebe, unter der Sie sich immer wieder begegnen können.

Heiligen Sie das Materielle

Das Leben auf Erden ist mit Dingen gesegnet und gleichzeitig durch sie belastet. Wir leben in einer materiellen Welt, die uns sowohl erleuchten als auch immer wieder ins Banale hinabziehen kann. Meistens betrachten wir die Welt der Dinge nicht als einen heiligen Ort. Manche Philosophen halten sie sogar für die Wurzel allen Übels und das Gegenteil des Geistes. Tatsächlich gibt es Zeiten im Leben, in denen es für unseren spirituellen Fortschritt notwendig sein mag, uns materieller Dinge zu entledigen und Besitztümer aufzugeben, so daß wir die Freiheit und Leichtigkeit finden, die unsere Seele für ihr Wachstum braucht.

Das Materielle zu heiligen heißt, es so zu benutzen, daß es das spirituelle Leben nicht hindert, sondern es auf elegante Weise unterstützt. Das in einer Welt zu tun, die ihre materiellen Segnungen so sehr mißbraucht hat, ist eine höchst spirituelle Angelegenheit und setzt voraus, daß wir alles – sogar Besitztümer und andere Gegenstände – als Dinge betrachten, die wir der Liebe weihen können.

Am Anfang einer Beziehung erkennen wir noch intuitiv die heilige Bedeutung der Dinge. Die Geschenke, die wir einander machen, sind strahlende Symbole unserer Liebe; die Eheringe, die wir austauschen, sind materielle Wahrzeichen einer heiligen Verpflichtung. Aber oft werden Besitztümer zu einem Ziel an sich. Plötzlich wollen wir Dinge haben, weil sie uns wichtig sind. So werden aus Symbolen, die unsere Liebe fördern, Gegenstände, deren Erwerb zum Ziel der Beziehung geworden ist.

Das soll nicht heißen, daß wir nichts besitzen sollten, daß wir keine Wohnungen, Häuser, Autos oder Stereoanlagen brauchen. Aber auch die bescheidenste Wohnung kann zu einem Ort werden, der unsere Seele wahrhaft nährt. Sie können jedes Haus so einrichten, jedes Möbelstück oder Kunstwerk, jede Stereoanlage oder Musikstück so auswählen, daß Ihre Umgebung zu einem Ort wird, der Ihre tief empfundene Liebe unterstützt, statt sie zu ersetzen.

Statt immer mehr Dinge zu wollen und zu erwerben, sollten Sie sich fragen, welche Sachen Sie bereits haben oder noch brauchen, weil sie Ihnen wirklich Freude machen. Welche Dinge vermitteln Ihnen ein Gefühl der Ruhe, der Inspiration und machen Sie glücklich? Freuen Sie sich darüber, wenn eine Blumenvase auf dem Tisch steht (ob sie nun aus edelstem Kristall oder einfachem Glas ist), oder würde Ihnen eine wohltuende Leere dort besser gefallen?

Ihre Umgebung ist Ihr Zufluchtsort. Gestatten Sie ihr, es auch zu sein. Nicht jeder kann sich teure Dinge leisten, die so schön sind, daß sie aus sich heraus die Umgebung verzaubern. Aber wir können alle damit beginnen, unseren Besitz zu heiligen, ihn sorgfältig auszusuchen, darauf zu achten, daß er unserer Seele dient, und dafür zu sorgen, daß er als Spiegelbild unserer Liebe dem höchsten Ziel unseres Lebens dient.

Seien Sie anmutig, voller Hoffnung und weise

 Anmut ist die Schönheit der Seele, Hoffnung ihr Optimismus und Weisheit ihre Intelligenz. Diese Eigenschaften sind so wunderbar, daß sich bei der bloßen Erwähnung der Worte eine bestimmte Ruhe in unserem Wesen ausbreitet, so als hörten wir von einem fernen Ort die Namen jener anmutigen, uralten Tugenden: Anmut, Hoffnung, Weisheit.

Anmut, Hoffnung und Weisheit sind Eigenschaften der Seele. Sie beschreiben, wie die Seele in der Welt agiert. Sie rufen in uns einen Sinn für die tiefere Verbindung mit der Wirklichkeit wach und flüstern uns zu, daß über allem, in allem, um alles herum und durch alles hindurch ein wunderschönes, spirituelles Bewußtsein agiert. Durch Anmut werden unsere Bewegungen zu Samt und Seide. Damit meine ich nicht nur, wie wir unseren Körper bewegen, sondern auch, wie unsere Seele ihn belebt; nicht nur, wie wir uns durch die Welt bewegen, sondern auch, wie wir es der Welt gestatten, sich durch und in uns zu bewegen. Anmut ist Schönheit; sie ist eine Verfeinerung des Geistes. Wir spüren und erkennen sie, wenn wir uns ihrer gewahr werden und sie uns auf ihre wundervolle Weise in ihren Bann zieht. Durch ihre Schönheit bringt Anmut uns zu unserer Tiefe. Wir finden in ihr das Maß unserer sehnsüchtigen Bestrebungen nach der spirituellen Größe unseres Lebens.

Hoffnung ist ein Versprechen. Wenn die Gegenwart unerträglich ist, gestattet uns die Hoffnung, uns ein Leben in einer Zukunft auszumalen, die leichter sein wird. Wenn wir hoffen, erlangen wir jenen friedvollen Zustand, in dem wir

Daphne Rose Kingma

bereits verstanden haben, daß alles, was wir je getan haben und noch tun werden, irgendwann und irgendwie wundervoll sein wird und daß uns unser Leiden reicher macht und selbst unsere Tragödien dazu beitragen, ein größeres, erfüllteres Leben zu führen.

Weisheit ist Wissen. Ohne zu lernen, erkennen wir mühelos. Wir erinnern uns an Dinge, die uns nie gesagt wurden, und können die heilende Wahrheit, die klärende Wahrnehmung, die erleuchtende, transformierende Intuition anmutig und leicht weitergeben. Weisheit ist die Intelligenz der Seele, die sich mitteilt; das uralte Wissen in uns, das wir selbstlos in Worte kleiden, aus denen eine Wahrheit klingt, die wir schon immer kannten, aber bisher nicht wahrnehmen konnten.

Anmut läßt das Leben fließen. Hoffnung beglückt das Leben auf vorhersehbare Weise. Und dank unserer Weisheit wissen wir, wann wir auf Anmut und Hoffnung vertrauen können. Anmut, Hoffnung und Weisheit sind keine netten kleinen Tugenden, sondern große Seelenkräfte, die dank ihrer erstaunlichen Macht alles im Leben auf ihr Niveau ziehen. Wenn Sie Anmut, Hoffnung und Weisheit kultivieren, fordern Sie von sich selbst, weit mehr zu werden, als Sie sind, fordern Sie sich selbst auf, Ihre alten Beschränkungen hinter sich zu lassen und sich der Vision einer weit größeren Welt zu öffnen, deren Schönheit atemberaubend ist, die unzählige Möglichkeiten in sich birgt und deren Macht so groß ist, daß Sie in ihr Erlösung finden.

Leben Sie im Licht des Geistes

 Sie haben mit jedem Menschen, der in Ihr Leben tritt, einen Seelenpakt geschlossen. Das bedeutet, daß Sie dieser speziellen Seele vor langer, langer Zeit in der Welt der Seelen versprochen haben, ihr in diesem Leben zu begegnen, mit ihr eine tiefe Erfahrung zu machen oder einen Aspekt ihrer höchsten Bestimmung mit ihr zu verwirklichen.

Ein Seelenpakt ist eine Verpflichtung, Ihre individuelle Seele zusammen mit einer anderen weiterzuentwickeln und sich gemeinsam auf die Reise zu jenem allumfassenden Bewußtsein zu begeben, das die Mystiker „Erleuchtung" nennen. Aufgrund dieser Abkommen auf der Seelenebene spüren Sie manchmal eine mysteriöse Verbindung zu anderen Menschen, so als müßten Sie einen ungeschriebenen Vertrag erfüllen; es treten auf unerklärliche Weise problematische Menschen in Ihr Leben, oder Sie finden sich auf einer Reise mit einem bestimmten Menschen wieder, die, kaum begonnen, schon wieder vorbei ist.

Als Gemeinschaft der Seelen, die sich zu einem Leben auf der Erde eingefunden haben, haben wir uns das Versprechen gegeben, uns nicht nur gegenseitig an jenen reinen Zustand zu erinnern, der unser Ursprung ist, sondern auch die Rolle im sich endlos wandelnden Schauspiel menschlicher Erfahrungen zu spielen, die wir spielen müssen, damit unsere Seele und die all derer, denen wir dieses tiefe Versprechen gegeben haben, wachsen kann. Manche von uns sind hier, um schön und stark, andere, um mürrisch und eigenartig zu sein; manche müssen jung sterben und uns durch diesen furchtbaren Verlust eine Lektion erteilen; wieder andere müssen lange leben und uns an ihrer Weisheit teilhaben lassen. Aber unabhängig davon, welche Rolle wir spielen, sind wir alle unterwegs zu der einen großen spirituellen Bestimmung, unserer ewigen Essenz und der allumfassenden Einheit.

Daher ist jeder Mensch, dem Sie begegnen; jede Seele, die Ihren Weg kreuzt und Sie auf wunderbare oder grauenhafte Weise vorübergehend oder ein Leben lang beeinflußt, aus diesem Grund hier, und jede Beziehung, auf die Sie sich einlassen, ist nichts als eine kleine Szene in dem unendlichen, sich ewig entfaltenden Schauspiel seelischer Entwicklung. Wenn Sie das erkannt haben, wird Ihnen plötzlich auf atemberaubende Weise bewußt, daß jeder Mensch in Ihrem Leben die große und anmutige Aufgabe zu erfüllen hat, Ihre Seele zu berühren und Sie etwas zu lehren, daß jede Beziehung das wunderbare Erwachen Ihrer eigenen Seele fördern soll. Kein Mensch ist ein Fremder, und keine Beziehung ist jemals ein Zufall oder ein Fehlschlag.

Im Licht der Seele sehen wir, daß wir alle eine Rolle in einem wunderbaren und allumfassenden Plan zu spielen haben. Dank dieser Erkenntnis machen wir einen Schritt aus dem Konfliktdenken heraus und in die Anmut hinein. Denn wenn uns bewußt wird, daß das Leben auf absolut wundervolle Weise gestaltet ist, werden wir im Licht des Geistes erstrahlen und in vollkommenem Frieden leben.

Die Weisheit des Weiblichen

Wir laden Sie ein in eine Welt voller Liebe, Freude und Hingabe. Wir laden Sie ein in die Welt des Weiblichen.

In **Die kleinen Gesten der Liebe** beschreibt „The Love Doctor", wie *Daphne Rose Kingma* in den USA liebevoll genannt wird, wie Sie Ihre Beziehungen täglich nähren können, so daß in ihnen Ihre tiefsten Bedürfnisse erfüllt werden.

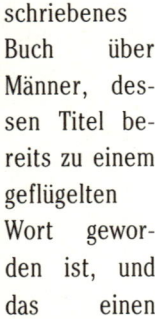

In **Von ganzem Herzen aus tiefster Seele** zeigt sie Beziehungen von einer anderen Seite: nicht nur als Verschönerung des Lebens, sondern als Lebenssinn überhaupt, als spirituellen Weg, der Sie zu Ihrer höchsten Bestimmung führt.

Tägliche Inspiration finden Sie in **Liebe für jeden Tag,** einem Reiseführer, der Sie durch die Gefilde von Liebe, Freundschaft und Partnerschaft begleitet.

Allein schafft ein Mann das nie ist Ihr liebevoll geschriebenes Buch über Männer, dessen Titel bereits zu einem geflügelten Wort geworden ist, und das einen wichtigen Beitrag zur Überwindung der Kluft zwischen den Geschlechtern leistet.

Diese Bücher finden Sie in jeder guten Buchhandlung. Unser Gesamtverzeichnis erhalten Sie direkt von uns.

Bücher von Daphne Rose Kingma